Michael Hetzner
Im Feuerofen der Nazis
Jehovas Zeugen in Heilbronn

AF204260

Michael Hetzner

Im Feuerofen der Nazis

Jehovas Zeugen in Heilbronn

© 2016 Michael Hetzner

Verlag: tredition GmbH,
Halenreie 24, 22359 Hamburg

ISBN Paperback: 978-3-7323-1467-6
ISBN e-Book: 978-3-7323-1468-3

Bibliografische Information der Deutschen Nationalbibliothek:
Die Deutsche Nationalbibliothek verzeichnet diese Publikation in der Deutschen Nationalbibliografie; detaillierte bibliografische Daten sind im Internet über http://dnb.dnb.de abrufbar.

Inhalt

Die verblassenden Erinnerungen

Dieser Abriss ist Bruchstück und Fragment. Muss notwendigerweise Bruchstück und Fragment bleiben. Denn die meisten der von der Naziherrschaft unmittelbar Betroffenen – und das heißt auch Getroffenen – sind inzwischen verstorben. Es handelt sich also, neben einigen Quellen aus der behandelten Zeit, in vielen Fällen um Geschichte und Geschichten aus zweiter und dritter Hand. Also um die Berichte von Kindern und Enkeln, von Freunden, Bekannten und Weggefährten, die ich allerdings nach bestem Wissen und Gewissen geprüft habe.

Der Feuerofen

> Wenn ihr aber nicht anbetet, werdet ihr im selben Augenblick in den brennenden Feuerofen geworfen werden. Und wer ist der Gott, der euch aus meinen Händen befreien kann?[1]

Nebukadnezar, der König von Babylon, schäumte. Da hatte er in der Ebene Dura ein riesiges Standbild aus Gold aufstellen lassen, vor dem sich alle Edlen seines Volkes niederwerfen mussten. Und nun weigerten sich drei Hebräer, dieses Bild anzubeten, da sie nicht bereit waren, ihr eigenes Leben höher zu stellen als die Loyalität gegenüber Gott. In unserem Jahrhundert fanden Nebukadnezars Worte in Deutschland eine erstaunliche Parallele. Und zwar zu einer Gruppe von Christen, die bis heute von vielen verkannt und nur von wenigen verstanden wird. Einer Gruppe, über deren Opfer, Leiden und Leid im Dritten Reich bis heute fast niemand etwas weiß. Doch der Reihe nach.

Zunächst fing alles ganz harmlos an.

---

[1] Daniel Kapitel 3, Vers 15. Zit. nach: *Neue-Welt-Übersetzung der Heiligen Schrift mit Studienverweisen.* Hrg. von der Watch Tower Bible and Tract Society of Pennsylvania and International Bible Students Association. Revidierte Fassung. Brooklyn 1986.

Die Anfänge in der Weimarer Zeit

Die Geschichte der Ernsten Bibelforscher[2] in Deutschland beginnt in den 1880er Jahren. Damals wurden erstmals Druckschriften der 1879 in den USA gegründeten Watch Tower Society (Wachtturm-Gesellschaft) in Deutschland verbreitet. Im Jahre 1891 besuchte ihr erster Präsident, Charles Taze Russel, im Zuge einer ausgedehnten Predigtreise durch Europa, erstmals auch Deutschland. Mit der Gründung des ersten deutschen Zweigbüros in Elberfeld bei Wuppertal im Jahr 1902, erhielten die Bibelforscher im Deutschen Reich Auftrieb.

Am Ende des Ersten Weltkrieges zählten sie in Deutschland 3.868 aktive Mitglieder.[3] In dem Bemühen, möglichst vielen Menschen ihre Lehre bekannt zu machen, zogen sie quer durchs Deutsche Reich und missionierten, wo immer sich dazu die Möglichkeit ergab.

Erste Hinweise auf Aktivitäten der Ernsten Bibelforscher im Raum Heilbronn finden sich in den Jahren nach dem Ersten Weltkrieg. In dieser Zeit kamen drei Frauen, Schwestern mit dem Familiennamen Friedle, von der Schweiz nach Heilbronn. Sie waren wohl die ersten, die hier die Überzeugung der Ernsten Bibelforscher vertraten. In den 20er Jahren nahm die Zahl der Ernsten Bibelforscher dann zu. Die ersten regionalen Gruppen entstanden. Adolf Eppler (geb. 1913), einer der Zeitzeugen aus dem Raum Heilbronn, erinnerte sich noch daran, dass er in den 1920er Jahren in Heilbronn den Vortrag *Millionen jetzt Lebender werden nie sterben* hörte. In der gleichen Zeit besuchte er in der Heilbronner Harmonie dann das *Photo-Drama der Schöpfung.* Dabei handelte es sich um ein achtstündiges Programm,

---

[2] Die Ernsten Bibelforscher hatten bereits 1931 den Namen „Zeugen Jehovas" angenommen, dennoch wurden sie von den Nazis weiter mit ihrem alten Namen bezeichnet.

[3] Garbe, Detlef: *Der lila Winkel. Die „Bibelforscher" (Zeugen Jehovas) in den Konzentrationslagern.* In: *Dachauer Hefte. Studien und Dokumente zur Geschichte der nationalsozialistischen Konzentrationslager.* 10. Jahrgang, Heft 10. Dachau November 1994. S. 4.

eine Kombination von Filmen, Lichtbildern und Schallplattenaufnahmen, das meist auf mehrere Abende verteilt vorgeführt wurde. Außerdem erinnerte er sich daran, dass er in Obereisesheim, seinem Heimatort, damals die Zeitschrift das *Goldene Zeitalter* (heute: *Erwachet!*) austrug. In seinem Elternhaus (Lindenstraße 7) fanden regelmäßig Zusammenkünfte der Ernsten Bibelforscher statt.

Da die Gruppen damals noch sehr klein waren, kannten sich alle Bibelforscher in Heilbronn und Umgebung. In Heilbronn trafen sie sich damals in der Heilbronner Innenstadt (Schulgasse). Außerdem kamen sie privat u. a. bei den Familien Kühner (Dammstraße 33a) und Löchner (Karlstraße 111, später Kernerstraße 47/1) zusammen. (Von diesen Familien wird noch zu reden sein.) Anfang der 1930er Jahre unternahm man in Deutschland besondere Anstrengungen, die verstreute Landbevölkerung zu erreichen, so auch in Heilbronn und Umgebung. Aus dieser Zeit stammen auch die beiden folgenden Fotografien.

1. Reihe (von links): Marie Dutt, Wilhelm Kühner, N. N., Marta Vogel, Adolf Brucker, Mina Schenk (später Schmidt), N. N.
2. Reihe: N. N., Emil Bauer, N. N., Mina Neuffer, N. N., N. N.
3. Reihe: N. N., Emma Schenk, Luise Neuffer, N. N., Wilhelm Schenk
4. Reihe: Adolf Hettinger, Richard Merkle, Georg Ebert

1. Reihe (von links): Schw. Brucker, Georg Ebert, Marta Vogel, Luise Däuber, Friedrich Däuber, Emil Bauer
2. Reihe: N. N., Adolf Hettinger, Lina Hettinger, Elsa von Olnhausen, Luise Neuffer, N. N., Paul Eisele, Marie Dutt
3. Reihe: Wilhelm Kühner, Adolf Brucker, Mine Neuffer, N. N., Wilhelm Schenk, Fritz Volz

Der Nationalsozialismus schlägt zu

Während Adolf Hitler und seine Gefolgsleute die Machtergreifung vorbereiteten, betätigten sich die Zeugen Jehovas weiterhin missionarisch. Das musste nach 1933 zwangsläufig zur Konfrontation führen, denn sie hatten bereits einige Jahre zuvor vor der nationalsozialistischen Bewegung gewarnt. So schrieb *The Golden Age* in der Ausgabe vom 4. Januar 1933: „Die Maschinerie der nationalsozialistischen Bewegung rückt bedrohlich näher."[4]

---

[4] *The Golden Age.* Hrg. von der Watch Tower Society of New York, Ausgabe vom 4. Januar 1933. S. 207. Zit. nach: *Erwachet!.* Hrg. von der Wachtturm Bibel- und Traktat-Gesellschaft, Deutscher Zweig, e.V., Selters, Ausgabe

Mit der Ernennung Hitlers zum Reichskanzler am 30. Januar 1933, brach in Deutschland eine dunkle Zeit über sie herein. Denn der Nationalsozialismus hatte die Zeugen Jehovas – ihre Zahl betrug inzwischen etwa 20.000 – schnell als unliebsame Gruppierung ausgemacht.[5] Am 4. April 1933, nur acht Wochen nach der Machtergreifung, verbot das NS-Regime die Tätigkeit der Ernsten Bibelforscher im Deutschen Reich. Das Büro der Wachtturm-Gesellschaft in Magdeburg wurde geschlossen. Außerdem vernichteten die Nazis bis Anfang 1934 mindestens 65 Tonnen Literatur in öffentlichen Verbrennungen. Der Terror begann!

„Diese Brut wird aus Deutschland ausgerottet werden!"

Wir Christen von heute stehen beschämt da vor einer sogenannten Sekte wie der der ernsten Bibelforscher, die zu Hunderten und Tausenden ins Konzentrationslager und in den Tod gegangen sind, weil sie den Kriegsdienst ablehnten und sich weigerten, auf Menschen zu schießen.[6]

Was Martin Niemöller hier offen ansprach, war und ist vielen bis heute unbekannt: Die konsequente Weigerung der Zeugen Jehovas, sich dem

---

vom 22. August 1995. S. 6. Die Zeugen Jehovas stützten ihre Einschätzung des Nationalsozialismus auf ihr Bibelverständnis, wonach die totalitäre Struktur und die militaristische Ausrichtung der Nazis dem christlichen Ziel der Nächstenliebe entgegengesetzt und damit eine Konfrontation zwischen beiden Anschauungen zu erwarten sei.

[5] In der polemischen, gleichermaßen zum Superlativen wie zum Abwertend-Monumentalen neigenden, klischeehaften Bürokratensprache des Dritten Reichs liest sich das dann so: „Ihr [der Zeugen Jehovas, d. Verf.] mit ungewöhnlichem Fanatismus geführter Kampf gegen alles Völkische und Staatliche führte zu einer äußerst gehässigen Haltung gegenüber dem Nationalsozialismus und seinen massgebenden Männer." (*Schutzbrief Nr. 1 der SD-Dienststellen in Württemberg* vom 5. August 1936).

[6] Niemöller, Martin: *Ach Gott vom Himmel sieh darein. – Sechs Predigten.* München. 1946. S. 27f.

totalitären Anspruch der NS-Ideologie zu beugen. Das wirkte sich auf alle Lebensbereiche aus. Sei es die Teilnahme an den Scheinwahlen der Nazis, die Verweigerung des Hitler-Grußes oder die Weigerung, einer der NS-Massenorganisationen (Hitler-Jugend, Deutsche Arbeitsfront usw.) beizutreten – kein Zeuge Jehovas blieb im Alltag von einer Vielzahl von Konfrontationen mit den Machthabern verschont.[7] Wegen ihrer Unbeugsamkeit gegenüber dem Nazi-Regime und der kompromisslosen Verweigerung des Wehrdienstes wurden sie schnell zur Zielscheibe einer überaus brutalen Verfolgung.[8]

Ein Artikel im *Heilbronner Tagblatt* vom 15. November 1933[9] vermittelt ein anschauliches Bild über die Grundhaltung der Nazis gegenüber den Zeugen Jehovas, ja, vom gesamten geistigen Klima jener Zeit:

Die Zeugen Jehovas!

Von diesen Narren, die sich früher „E r n s t e   B i b e l f o r s c h e r" genannt haben, verstänkert immer noch ein Grüppchen die geistige Luft Heilbronns, obgleich dieses Judenunternehmen des hirnweichen Herrn Rutherford aus Amerika i m   g a n z e n   D e u t s c h e n   R e i c h e   v e r b o t e n ist. Die hiesigen „Zeugen Jehovas" (wer lacht da?) rekrutieren sich zum größten Teil aus kleinen Handwerkern und Handelsleuten. Sie kommen nach wie vor z w e i m a l   w ö c h e n t l i c h   i n   e i n e r   W i r t s c h a f t   a u f   d e r   A d o l f - H i t l e r - A l l e e zusammen und verzapfen dort ihren alttestamentarischen Quatsch. Ihr Prediger – Treppenwitz der Weltgeschichte – ist ausgerechnet ein F e n s t e r p u t z e r [Wilhelm Kühner, d. Verf.], der seinen Zuhörern aber ihre Brillengläser nicht etwa blank poliert, sondern mit der Judensalbe seines amerikanischen Meisters so undurchsichtig wie möglich

---

[7] Garbe, Detlef: *Zwischen Widerstand und Martyrium. Die Zeugen Jehovas im „Dritten Reich".* Studien zur Zeitgeschichte Band 42. München 1993. S. 149ff.

[8] John, Kirsten: *„Mein Vater wird gesucht..." Häftlinge des Konzentrationslagers in Wewelsburg.* Historische Schriften des Kreismuseums Wewelsburg. Band 2. Essen 1996.

[9] Eine Kopie des Original-Artikels findet sich im Anhang I.

macht. Auch ein M i l c h h ä n d l e r [Heinrich Löchner, d. Verf.] [...],
spielt eine Rolle im Kreise dieser Armen im Geiste.

Angesichts der Tatsache, dass die lächerlichen „Zeugen Jehovas" i h -
r e n A n h ä n g e r n z u r P f l i c h t g e m a c h t h a b e n , b e i
d e n W a h l e n a m v o r i g e n S o n n t a g n i c h t m i t z u t u n ,
w e i l s i e mit Politik, also m i t d e m S c h i c k s a l d e s V a t e r -
l a n d e s n i c h t s z u t u n h ä t t e n , muss der vernünftige Teil der
Bevölkerung diesen Saboteuren gegenüber zur S e l b s t h i l f e greifen.

Wir rufen insbesondere die deutschen Frauen dazu auf, jede Geschäftsverbindung mit den Anhängern dieser Judensekte unbedingt und
schleunigst zu lösen. Es liegt für deutsche Menschen, die sich soeben in
hellster Begeisterung für den Deutschesten aller Deutschen, für Adolf
Hitler erklärt haben, keine Veranlassung vor, diese bewußt Abseits-
stehenden in Nahrung zu setzen. Man entziehe ihnen jede Unterstützung und lasse sie mit ihrem Judenkram allein. Vielleicht weichen die
schleimigen Nebel aus ihren Hirnschalen, sobald ihre Mägen knurren
und sie einsehen lernen, dass sie ihre bisherigen Profitchen nicht so sehr
dem Wüstengotte Israels, wie der Langmut und Nachsicht ihrer deutschen Volksgenossen zu verdanken gehabt haben.

Ausgrenzung durch Verächtlichmachung, Hass und Häme, gesellschaftliche
und wirtschaftliche Isolation – das waren die ersten Schritte, mit denen
die Nazis gegen alle vorgingen, die auch nur im geringsten von ihrer offi-
ziellen Ideologie abwichen. Freilich sollte es nicht mehr lange dauern, bis
die „hellste Begeisterung", die aus diesem Artikel spricht (und die er offen anspricht), auch buchstäblich zu sehen sein wird: in den Flammen der
Reichskristallnacht und dem hellen Schein der Vernichtungsöfen. Gerade
in seiner Durchschnittlichkeit, in der falschen Vertraulichkeit seiner sugge-
rierten Kameradschaftlichkeit, in der geistlosen Anhäufung von Pejorativa,
in dem peinlichen Elativ vom „Deutschesten aller Deutschen" ist dieser Artikel bezeichnend für Sprache und Denken des Dritten Reiches. Ihm fehlt
alles Sachlich-Argumentative. Er kennt nur den pathetischen Aufruf, die
Demagogie, die beschwörende Agitation, die einpeitschende Wiederho-

lung, die große Gestik, die permanente Wiederholung[10]. Was sich nicht in die amorphe Masse der ‚Volksgenossen' einfügen will, ist verdächtig, wird marginalisiert und schließlich – ausgerottet!

Der Präsident der Watch Tower Society, Joseph Rutherford, reagierte auf die Verfolgung durch die Nazis mit einer weltweiten Protestaktion. Am 7. Oktober 1934 sandten Zeugen Jehovas aus aller Welt per Brief, Telegramm bzw. Kabelgramm Protestschreiben an Hitler. In ihnen forderten sie ihn auf, die Verfolgung ihrer Glaubensbrüder umgehend zu beenden.

Dieses Telegramm aus Irland ist eines von den über 20.000 Telegrammen, die Jehovas Zeugen aus über 50 Ländern an Hitler schickten. Der Text lautet auf Deutsch:

> An die Hitler-Regierung, Berlin, Deutschland
>
> Ihre Misshandlung der Zeugen Jehovas schockiert alle guten Menschen auf Erden und entehrt Gottes Namen. Unterlassen Sie die weitere Verfolgung von Jehovas Zeugen, andernfalls wird Gott Sie und Ihre nationale Partei vernichten.
> (unterzeichnet)
> S. Milne. Sekretär. Gruppe der Zeugen Jehovas in Dundonald[11]

---

[10] Eine brillante Analyse der Nazi-Sprache findet sich bei Klemperer, Victor: *LTI. Notizbuch eines Philologen.* Leipzig [15]1996.

[11] Quelle: Arnold-Liebster-Stiftung, Hanauer Straße 24, 61184 Karben; http://

Der Schriftsteller Karl Wittig, seinerzeit Bevollmächtigter General Ludendorffs, war bei einer Unterredung mit dem damaligen Reichsinnenminister Wilhelm Frick Augenzeuge der Reaktion des ‚Führers' auf diese Aktion. Wittig erinnerte sich:

> Während meiner Unterredung mit Dr. Frick erschien plötzlich Hitler und beteiligte sich an den Verhandlungen. Als unser Gespräch zwangsläufig auch das bisherige Vorgehen des nationalsozialistischen Regimes gegen die Internationale Bibelforscher-Vereinigung (Jehovas Zeugen) in Deutschland streifte, legte Dr. Frick Hitler eine Reihe aus dem Auslande eingelaufener Protesttelegramme gegen die Verfolgung der Bibelforscher im ‚Dritten Reich' mit folgendem Bemerken vor: „Wenn sich die Bibelforscher nicht gleichschalten, dann werden wir sie mit den schärfsten Mitteln anfassen", worauf Hitler aufsprang, seine Hände zusammenballte, sie erhob und hysterisch schrie: „Diese Brut wird aus Deutschland ausgerottet werden!"[12]

Daraufhin nahm die Verfolgung an Schärfe zu. Infolgedessen wurde die Weltöffentlichkeit durch Artikel in den Veröffentlichungen der Wachtturm-Gesellschaft auf die grausame Verfolgung der Zeugen Jehovas durch die Nazis im Deutschen Reich aufmerksam gemacht. Bereits 1935 enthüllte die Zeitschrift *Das Goldene Zeitalter* (später: *Trost*, heute: *Erwachet!*) die inquisitionsähnlichen Foltermethoden des NS-Regimes.

Auch die Bevölkerung von Heilbronn und Umgebung wurde über die Verfolgung der Zeugen Jehovas informiert. So brachte Georg Ebert (Talheim) 1936 von einem internationalen Kongress der Zeugen Jehovas in Luzern 500 *Offene Briefe an das bibelgläubige und Christus liebende Volk Deutschland* sowie eine Anzahl von Broschüren mit dem Titel *„Entscheidung"* mit. Am 10. April 1937 wurden an einige Einwohner von Neckargartach ca. 25 dieser *Offenen Briefe* versandt. Einen weiteren Teil dieser

www.alst.org/pages-de/archiv/telegramm-aus-ireland.html
[12] Beeidigter Bericht des Schriftstellers Karl Wittig, Urkundenrolle Nr. 778 / 1947, Notar Otto Ludwig, Frankfurt/Main. Zitiert nach: *Der Wachtturm*. Hrg. von der Wachtturm Bibel- und Traktat-Gesellschaft, Deutscher Zweig, e.V., Selters, Ausgabe vom 1. Oktober 1955. S. 590f.

Literatur verteilten die Zeugen Jehovas in aller Heimlichkeit am 20. Februar 1937 in der Heilbronner Paulinenstraße sowie in der Allerheiligengasse und beim Götzenturm.[13]

Im Jahr 1937 berichtete die Zeitschrift *Trost* (heute: *Erwachet!*) erstmals von Experimenten mit Giftgas in Dachau. 1938 veröffentlichten Jehovas Zeugen das Buch *Kreuzzug gegen das Christentum*, in dem die brutale Unterdrückung ihrer Glaubensbrüder dokumentiert wurde, belegt durch Zeichnungen, die man unter Lebensgefahr aus den Konzentrationslagern geschmuggelt hatte. Thomas Mann, der damals im amerikanischen Exil lebte, schrieb dazu:

> Ich habe Ihr so schauerlich dokumentiertes Buch mit größter Ergriffenheit gelesen, und ich kann die Mischung von Verachtung und Abscheu nicht beschreiben, die mich beim Durchblättern dieser Dokumente menschlicher Niedrigkeit und erbärmlicher Grausamkeit erfüllte. [...] durch Schweigen [wird] der Welt die moralische Apathie [...] nur allzu bequem gemacht [...] auf jeden Fall haben Sie Ihre Pflicht getan, indem Sie mit diesem Buch vor die Öffentlichkeit traten.[14]

Während der ‚Führer‘ bei den Reichsparteitagen der NSDAP in Nürnberg Glanz und Macht, Massenwahn und soldatischen Geist demonstrierte, litten bereits Hunderte Zeugen Jehovas in Gefängnissen und Konzentrationslagern. „In den Vorkriegsjahren [...] stellten die Bibelforscher-Häftlinge zahlenmäßig eine nicht unerhebliche Gruppe. In der Regel betrug ihr Anteil an der jeweiligen Belegstärke der KZs zwischen fünf und zehn Prozent."[15]

Etwa 1937 / 38 wurde für alle Konzentrationslager ein einheitliches System von Farbcodes eingeführt. Die Häftlinge hatten nun auf der linken

---

[13] Siehe dazu: *Die Verfolgung der Ernsten Bibelforscher. Chronik eines Verbrechens.* In: *Streiflichter aus Verfolgung und Widerstand 1933-45.* Hrg. von der VVN. Bund der Antifaschisten, Kreisvereinigung Ludwigsburg, Ludwigsburg 1993. Heft 5, S. 47.

[14] Zit. nach: *Erwachet!.* Hrg. von der Wachtturm Bibel- und Traktat-Gesellschaft, Deutscher Zweig, e.V., Selters, Ausgabe vom 22. August 1995. S. 9.

[15] Garbe: *Zwischen Widerstand und Martyrium* ... S. 394 und S. 479ff.

Brustseite ein farbiges Dreieck zu tragen. Darunter auf weißem Rechteck eine schwarze Häftlingsnummer. Für die Zeugen Jehovas trat an die Stelle des „Blau" [mit dem sie bis dahin gekennzeichnet worden waren, d. Verf.] das „Violett" ...[16]

Heute bezeichnet man diese violette Kennzeichnung als Lila Winkel.

Die SS bezeichnete die Zeugen Jehovas als „freiwillige Häftlinge", denn sie waren die einzigen im KZ Inhaftierten, die freikommen konnten, wenn sie eine Verpflichtungserklärung (den sogenannten „Revers" – s. Anhang I) unterschrieben, in dem sie ihrem Glauben abschworen. Bis auf wenige Fälle kam dies jedoch nicht vor.[17] Etwa 2.000 Zeugen Jehovas kamen in den Konzentrationslagern um, davon ca. 250 durch Hinrichtung.[18]

Im Jahr 1998 gab das Stadtarchiv Heilbronn das Buch *Böckingen am See* heraus. Diese Chronik geht auch kurz auf die *Verfolgung der „Ernsten Bibelforscher"* – so der Titel des Beitrags – ein:

Die „Vereinigung der Ernsten Bibelforscher" – heute Zeugen Jehovas – wurde von den Nationalsozialisten gnadenlos unterdrückt, ihre Mitglieder verfolgt und ins Konzentrationslager geworfen oder in Gefängnissen eingesperrt. Vor allem die Weigerung der sich als unpolitisch verstehenden Gläubigen, den „Deutschen Gruß" zu benutzen und Wehrdienst zu leisten, erregte den Unmut der Machthaber.[19]

Wie aber sah nun der Alltag der nicht inhaftierten Zeugen Jehovas aus? Welchem Terror, welchen Repressionen waren sie ausgesetzt? Dazu im Folgenden einige Beispiele.

---

[16] Garbe: *Zwischen Widerstand und Martyrium* ... S. 396f.
[17] Garbe: *Zwischen Widerstand und Martyrium* ... S. 417 Fußnote 413. Vgl. hierzu auch: *Jahrbuch der Zeugen Jehovas 1974*. Hrg. von der Wachtturm Bibel- und Traktat-Gesellschaft, Deutscher Zweig, e.V., Wiesbaden 1974. S. 178.
[18] Otzelberger, Manfred: *Vergessene Helden*. In: *Nordbayerischer Kurier Nr. 50* vom 1./2. März 1997.
[19] *Böckingen am See. Ein Heilbronner Stadtteil – gestern und heute*. Veröffentlichungen des Archivs der Stadt Heilbronn Band 37. Im Auftrag der Stadt Heilbronn herausgegeben von Christhard Schrenk. Heilbronn 1998. S. 193.

„Hier wohnt ein Landesverräter" – Die Bedrohung der wirtschaftlichen Existenz

Heinrich (1886–1970) und Paula Löchner (1886–1976) waren zwei aufrechte und gastfreundliche Menschen. Paula Löchner leitete bis zum Verbot 1933 die Kinderversammlung in Heilbronn. Seinen Lebensunterhalt bestritt das Ehepaar mit einem kleinen Milchladen in der Kernerstraße 47/1. Da sie an den Scheinwahlen der Nazis nicht teilnahmen, versuchten diese, ihre wirtschaftliche Existenz zu zerstören. Nach einer Wahl – niemand kann sich heute genau erinnern, welche es war – hängten die Nazis an ihrem Laden ein großes Transparent auf: „Hier wohnt ein Landesverräter". Mehrmals wurde Heinrich Löchner, wenn er seine Milch von Haus zu Haus verkaufte – er belieferte die ‚bessere' Gesellschaft in der Heilbronner Hundsbergstraße und Umgebung – vom NS-Pöbel angegriffen. Sein Handwagen wurde umgekippt und die Milch floss die Straße entlang. Außerdem wurde er zweimal verhaftet. Vom Amtsgericht Heilbronn erhielt er eineinhalb Monate Gefängnis. Später verurteilte ihn das Sondergericht Stuttgart zu einer Geldstrafe von 300 Reichsmark. Es ist allerdings nicht mehr bekannt, warum.

Auch Familie Kühner (Heilbronn, Dammstraße 33 a) hatte unter der Verfolgung durch die Nazis zu leiden. Wilhelm Kühner war Kammerjäger und die Familie besaß einen kleinen Betrieb für Fensterreinigung. In ihrer Wohnung fanden regelmäßig Zusammenkünfte der Zeugen Jehovas statt. Weil sie sich nicht an den Wahlen beteiligt hatten, wurde ihre Garage beschmiert.[20]

---

[20] Auf dieses Bild bin ich in folgendem Werk gestoßen: Zürcher, Franz: *Kreuzzug gegen das Christentum. Moderne Christenverfolgung. Eine Dokumentensammlung.* Zürich, New York 1938. S. 97.

Wandbeschmierung wegen Nichtbeteiligung an der Wahl S. 126

Doch das war noch nicht alles. So schildert Heinrich Markert, ein Zeuge Jehovas, der von 1934 bis 1935 in Heilbronn lebte, dass Wilhelm Kühner „von ca. 7 SA-Männer[n] zweimal bewusstlos geschlagen" wurde, weil „er nicht zur Wahl ging".[21] Auch wenn es darüber keine Zahlen gibt, werden sich doch nach diesen Ereignissen viele Heilbronner Bürger sehr genau überlegt haben, ob sie künftig die Dienste von Wilhelm Kühner noch in Anspruch nehmen wollten.

Wilhelm Auer (1900–1938, Heilbronn, Salzstraße 52) war Bäckermeister und Gastwirt. Am 12. Februar 1938 schlossen die Nazis sein Geschäft. Wegen Wehrdienstverweigerung wurde er im selben Jahr verhaftet und verurteilt. Er muss gewaltsam ums Leben gekommen sein, denn während seiner Haft wurde er am 20./21. März 1938 in Germersheim tot aufgefunden.[22]

Um dem stärksten Druck am Wahltag zu entgehen – viele wurden an diesem Tag aufgesucht, um sie zum Wählen zu ‚überreden' –, gingen die Zeugen an diesen Tagen oft gemeinsam in den Wald, zu einem ‚Ausflug'. Mit

---

[21] Markert, Heinrich: *In ‚Freiheit' die Lauterkeit bewahrt.* Lebenserinnerungen von Heinrich Markert. Maschinengeschriebenes Manuskript. Stuttgart o. J.

[22] Einen Teil dieser Angaben hat Marta Geldner am 3. Dezember 1945 gemacht. Ich habe sie wiedergegeben nach einem Auszug aus dem Geschichtsarchiv der Wachtturm Bibel- und Traktat-Gesellschaft, Deutscher Zweig, e.V., Selters, vom 13. Januar 1998.

wie viel Angst und Sorgen im Herzen, das vermag heute wahrscheinlich niemand mehr wirklich nachzuvollziehen.

Hermann Baden (1890–1945, Heilbronn, Sichererstraße 27) musste sein Geschäft für Silberwaren aufgrund des Drucks der Nazis schließen. Er wurde dreimal verhaftet (1934, 1937 sowie 1940), und das Sondergericht Stuttgart verurteilte ihn wegen des Lesens verbotener Schriften. Von Mai 1940 bis April 1945 befand er sich in den Konzentrationslagern Buchenwald und Dachau. Als Todestag wurde der 29. April 1945 – der Tag der Befreiung des KZs – angegeben.[23]

Doch nicht immer verliefen die Versuche der Nazis, den Bibelforschern die Existenzgrundlage zu entziehen, so offen und spektakulär wie in den genannten Fällen. Vom 1. April 1934 bis 3. Mai 1935 arbeitete Heinrich Markert bei der Firma Hugo Kölle, Baum- und Rosenschulen (Heilbronn, Jägerhausstraße). Über seine Entlassung schreibt er:

> Während der 2 letzten Stunden bei KÖLLE - konnte ich doch nochmals mit ihm [dem Chef und Firmeninhaber, d. Verf.] sprechen, er sagte Du bist nicht entlassen worden - wegen der NICHTWAHL, wegen dem HEIL HITLER Gruß und wegen jeweils dem 1. Mai, sondern wir bekommen eine Wehrmacht und Du bist Kriegsdienstverweigerer und das kann ich nicht gebrauchen. Ich sagte ihm, das könne ich verstehen in seiner Position[24] und verüble ihm dies auch nicht, aber da kamen die feuchten Augen bei ihm, er hielt meine Hand ganz verkrampft - und das [Arbeits]ZEUGNIS hat er vermutlich selbst geschrieben, man merkts, er war ganz Durcheinander. Seine Sekretärinnen hätten dies

---

[23] Ein Teil dieser Angaben stammt von seiner Tochter Hedwig Baden. Ich habe sie wiedergegeben nach einem Auszug aus dem Geschichtsarchiv der Wachtturm Bibel- und Traktat-Gesellschaft, Deutscher Zweig, e.V., Selters, vom 13. Januar 1998. Ein weiterer Teil der Angaben stammt aus dem Archiv der KZ-Gedenkstätte Dachau (Brief vom 5. Februar 1998 an den Verfasser).

[24] „Von 1933 bis 1940 war [Hugo Kölle] zunächst stellvertretender Bürgermeister und dann 1. Beigeordneter der Stadt Heilbronn". (Jacobi, Uwe: *5000 Mark für Rathaus-Akten aus NS-Zeit.* In: *Heilbronner Stimme* vom 26. Januar 1977.)

bestimmt nochmals ohne Fehler geschrieben. Auch aus dem Inhalt geht hervor, dass er kein Gegner für mich war.[25]

Heinrich Markert mit seiner Ehefrau Herta und dem Sohn Gert

Laut Detlef Garbe fand Heinrich Markert „vier Jahre später bei der Firma Bosch im Arbeitsbereich Meßtechnik eine Anstellung". Doch auch dort geriet er „wegen der Grußverweigerung in Konflikte".[26] Daraufhin beauftragte der alte Inhaber der Firma Bosch den Direktor, Heinrich Markert in seiner Privatvilla zu beschäftigen. Doch Heinrich Markert reagierte auf dieses Angebot nicht, und als ausgezeichneten Fachmann – er arbeitete in der Messtechnik – wollte die Firma nicht auf ihn verzichten. So wurde er in aller Stille im Betrieb weiterbeschäftigt. Als er gegen Kriegsende den Gestellungsbefehl erhielt, setzte sich wiederum die Firma Bosch für ihn ein. So konnte er überleben.

---

[25] Brief von Heinrich Markert vom 27. Januar 1998. Bei den Zitaten aus diesem Dokument – das gilt auch für alle anderen Dokumente – belasse ich Rechtschreibung und Zeichensetzung wie im Original.

[26] Garbe: *Zwischen Widerstand und Martyrium* ... S. 169.

Zerrissene Familien

Ein weiterer Aspekt der Verfolgung durch die Nazis lässt sich anschaulich bei Richard Dutt (1896–1980, Heilbronn, zeitweise Bottwarstraße 50) aufzeigen. Am 30. Juli 1937 verlor er seine Stellung als Werbeassistent. Nach 24 Dienstjahren und als 70%-Kriegsdienstgeschädigter wurde er wegen ‚Auslandspropaganda' fristlos entlassen. Sein gesetzlicher Anspruch auf Arbeitslosenunterstützung wurde ihm verwehrt. Bis zum 31. August 1940 war ihm jegliche berufliche Tätigkeit untersagt. Erst aufgrund des Arbeitskräftemangels durch den Krieg erlaubte man ihm, wieder zu arbeiten.

Am 17. September 1940 verurteilte ihn das Sondergericht Stuttgart wegen „verbotener Betätigung für die internationale Bibelforschervereinigung"[27] zu sechs Monaten Gefängnis.

Richard Dutt 1953 beim Bau des ersten Heilbronner Gemeindezentrums

---

[27] Grundlage dieser Verurteilung – und das galt für viele Zeugen Jehovas im Dritten Reich – war §4 Abs. 1 der *Verordnung des Reichspräsidenten zum Schutze von Volk und Staat* vom 28.02.1933 in Verbindung mit der *Verordnung des Württembergischen Innenministers* vom 1.02.1934. Diese Angaben zur Verurteilung von Richard Dutt finden sich in den Akten des Staatsarchivs Ludwigsburg.

Einen der Söhne von Richard Dutt verwies man wegen der Verweigerung des Hitler-Grußes von der Schule. Anschließend wurde er der Familie weggenommen und kam zwei Jahre in ‚Fürsorgeerziehung'.[28]

Dabei handelte es sich nach Garbe um keinen Einzelfall. Im Gegenteil – ‚Pflegefamilien' und ‚Erziehungsanstalten' – natürlich nur im stramm nationalsozialistischen Sinne – waren im Dritten Reich gegenüber den Kindern von Zeugen Jehovas an der Tagesordnung.[29]

„Arrest, Hunger und Kälte reichlich kennengelernt" – Verfolgte Frauen

„Alle Achtung für Ihre neun Jahre beim Hitler", sagte der kommunistische Richter. „Da waren Sie wirklich gegen den Krieg, aber jetzt sind Sie gegen unseren Frieden!"[30]

Trotz seiner anerkennenden Worte über die Standhaftigkeit von Charlotte Müller verurteilte er die Zeugin Jehovas am 4. September 1951 zu acht Jahren Haft in einem Zuchthaus der DDR – einem Jahr weniger als vormals das NS-Regime. Charlotte Müller wurde 1912 in Gotha-Siebleben (Thüringen) geboren und ließ sich 1933 als Zeugin Jehovas taufen. Seit 1960 lebt sie in Heilbronn.

---

[28] Ein Teil dieser Angaben wurde am 14. November 1945 von Richard Dutt in Heilbronn gemacht. Ich habe sie wiedergegeben nach einem Auszug aus dem Geschichtsarchiv der Wachtturm Bibel- und Traktat-Gesellschaft, Deutscher Zweig, e.V., Selters, vom 13. Januar 1998.

[29] Garbe: *Zwischen Widerstand und Martyrium ...* S. 179ff.

[30] Müller, Charlotte: *Gott ist mir Zuflucht und Stärke*. Zitiert nach: *Der Wachtturm*. Hrg. von der Wachtturm Bibel- und Traktat-Gesellschaft, Deutscher Zweig, e.V., Selters, Ausgabe vom 1. Mai 1997. S. 24.

Nach dem Verbot der Organisation durch die Nazis beteiligte sich Charlotte Müller daran, die Zeitschrift *Der Wachtturm* heimlich zu verbreiten. Im August 1936 wurde sie von der Gestapo verhaftet. Im Februar 1937 wurde ihr vor dem Sondergericht in Sachsen der Prozess gemacht, und sie erhielt zwei Jahre Gefängnis. Nachdem sie diese Strafe verbüßt hatte, kam sie sofort auf die Lichtenburg / Elbe, ein kleines KZ für Frauen.

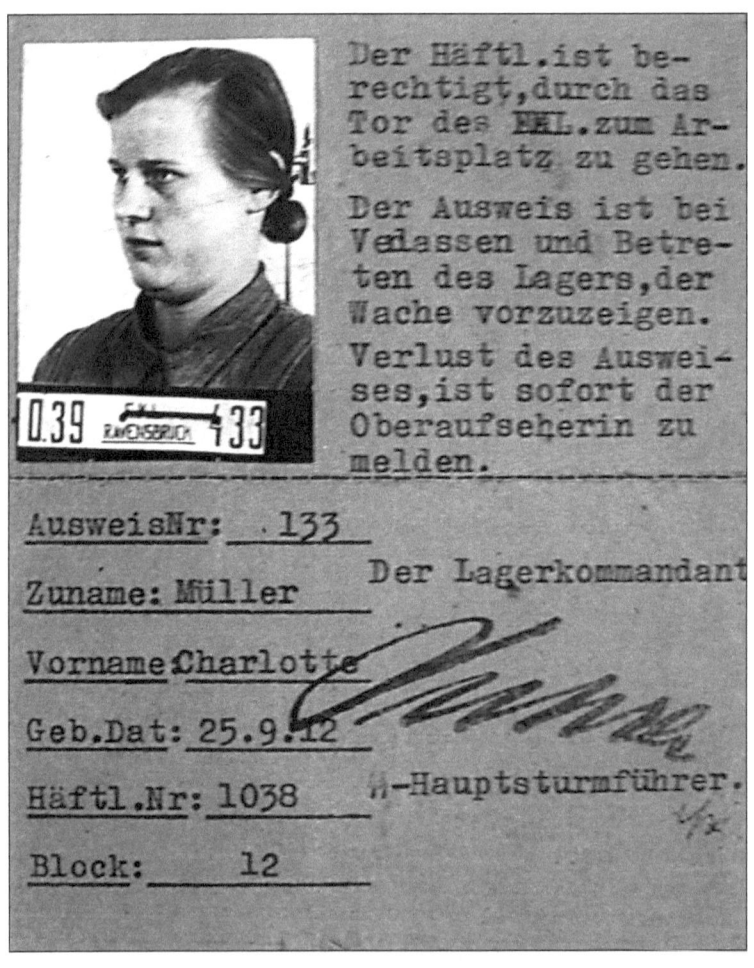

Der Häftl.ist be-
rechtigt,durch das
Tor des KKL.zum Ar-
beitsplatz zu gehen.
Der Ausweis ist bei
Verlassen und Betre-
ten des Lagers,der
Wache vorzuzeigen.
Verlust des Auswei-
ses,ist sofort der
Oberaufseherin zu
melden.

AusweisNr: .133

Zuname: Müller

Vorname Charlotte

Geb.Dat: 25.9.12

Häftl.Nr: 1038

Block: 12

Der Lagerkommandant

H-Hauptsturmführer.

Dieser Ausweis erlaubte Charlotte Müller tagsüber das KZ Ravensbrück zu verlassen, um den Haushalt einer SS-Familie zu führen.

Aufgrund ihrer Standhaftigkeit musste Charlotte Müller dort vieles erdulden. Als sie sich beispielsweise einmal weigerte, die Kommandantur zum Geburtstag Hitlers mit Lichtern zu schmücken, erhielt sie drei Wochen Einzelarrest in einer kleinen, dunklen Zelle. 1939 wurde sie ins KZ Ravensbrück verlegt. Als sie sich dort weigerte, eine Hakenkreuzfahne abzuholen, kam sie in den Strafblock. Nun musste sie bei jedem Wetter Tag für Tag, auch sonntags, hart arbeiten. Obwohl die Höchststrafe normalerweise drei Monate betrug, musste sie ein Jahr im Strafblock ausharren. Im Jahre 1945 wurde sie von den alliierten Truppen befreit. Danach lebte sie in Chemnitz und in Magdeburg.

Die nächsten Jahre verbrachte sie in Freiheit. Doch als am 31. August 1950 die Kommunisten Jehovas Zeugen erneut verboten, wurde Charlotte Müller wiederum im Untergrund aktiv. Das führte dazu, dass sie 1951 erneut verhaftet wurde. Nach ihrer Verurteilung kam sie in die Zuchthäuser Waldheim, Halle und Hoheneck. Aufgrund einer schweren Erkrankung entließ man sie im März 1957. Am 6. Mai 1957 gelang es ihr dann, nach Westdeutschland zu entkommen.

Sofie Gurr (geb. 1899) war lange Jahre mit Charlotte Müller eng befreundet. Bis zu ihrem Tod lebte sie in der Seestraße 17/1, in Heilbronn-Böckingen (davor in Obereisesheim, Ziegelstraße 2). In einem Schreiben an die Staatsanwaltschaft Stuttgart, in dem sie die Aufhebung ihrer Verurteilung im Dritten Reich beantragt, schilderte sie ihr Martyrium wie folgt:

> Möchte Ihnen nochmals mitteilen, dass ich anfangs Okt. 1936 verh[aftet] wurde, u. in die Schutz-Polizei Heilbronn Wilhelmstr. eingeliefert wurde.
> Selbige ist abgebrannt. Aber der Oberlandjager K.[31] lieferte mich ein der kann es bezeugen. Ebenfalls leben die 2 Gefängniswärter K. u. R. u. Gestabo H.
> Am 22. März 1937 wurde ich entlassen. Das war also Untersuchungshaft. Durch die Bemühungen meiner Freunde u. meines Anwaltes erhielt ich Strafaufschub bis Sept. anfangs Sept. wurde ich wieder ein-

---

[31] Die Namen sind im Originaldokument ausgeschrieben.

geliefert. Mein Urteil lautete 4 Mon. davon wurden 2 Mon. an der Untersuchungshaft abgerechnet. Ich kam dann nicht mehr frei u. kam von Stuttgarter Gefängnis wo ich 6 Wochen war ins K.Z. Mooringen / Sammellag[er]/Lichtenburg Ravensbrück u. zuletzt mit einem Außenkomando nach Papenschwand b. Salzburg.

Am 30. 6. 1945 erhielt ich dieses Geleitschreiben u. im Aug. konnte ich fahren.

Gesundheitlich bin ich nicht mehr so auf der höhe. Habe schon etliche Jahr mit der Lunge zu tun u. habe geschwollenen Füsse.

Wenn die Herren JustizBeamten noch weitere Auskunft möchten stehe ich gerne zur Verfügung.

Wie wäre [es, d. Verf.] mit einer KörperBeschädigt.Rente für die Zeit, muss ich mich immer schonen keine schwere Arbeit u. muss mir zusetzen.

Es ist mir sehr daran gelegen, obwohl ich in dieser Sache ein reines Gewissen habe, um Löschung meiner Strafe die lt. Urteil am 21.4.1937 über mich verhängt wurde u. bitte um Zusendung eines Straftilgungsbescheids.

Obereisesheim den 14.12.1949

Am 2. Dezember 1945 fasst sie die erduldeten Misshandlungen zusammen: „Arrest, Hunger und Kälte reichlich kennengelernt."[32]

---

[32] Ein Teil dieser Angaben wurde am 2. Dezember 1945 von Sofie Gurr in Obereisesheim gemacht. Ich habe sie wiedergegeben nach einem Auszug aus dem Geschichtsarchiv der Wachtturm Bibel- und Traktat-Gesellschaft, Deutscher Zweig, e.V., Selters, vom 13. Januar 1998. Ein weiterer Teil der Angaben stammt aus dem Archiv der KZ-Gedenkstätte Dachau (Brief vom 5. Februar 1998 an den Verfasser).

Charlotte Müller (li.) und Sofie Gurr (re.) nach dem Krieg

Das Leben von Charlotte Müller und Sofie Gurr belegt sehr anschaulich, dass sich Widerstand und Verfolgung der Zeugen Jehovas bei Weitem nicht auf Männer beschränkte. Für Hamburg konnte Detlef Garbe aufzeigen, dass im Durchschnitt mehr Frauen als Männer inhaftiert waren (170 zu 158), wenngleich die Männer im Durchschnitt längere Strafen verbüßen mussten als die Frauen (2 Jahre zu 1 Jahr).[33]

---

[33] Garbe: *Zwischen Widerstand und Martyrium* ... S. 501.

‚Denk' daran!' – Gefängnis, KZ, Todeszelle und Fallbeil

Er hieß Friedrich, aber alle nannten ihn Fritz. Von Statur war er eher klein als groß. Ein Mensch mit Humor, gastfreundlich und väterlich. Und er hatte oft – das hat er mir viele Jahre später einmal persönlich gesagt – Angst. Fritz Mogler (1899–1982) kam 1921 mit den Ernsten Bibelforschern in Berührung. Er lebte zu dieser Zeit in Nordheim (Bahnhofstraße 57). Dort wurde er von Elise Kühner aus Heilbronn besucht, und von ihr erhielt er auch regelmäßig die Zeitschrift das *Goldene Zeitalter*. In den 30er Jahren – so erinnerte sich seine Tochter Anneliese (geb. 1923) – besuchte die Familie immer wieder Glaubensbrüder und -schwestern in Heilbronn (Familie Löchner und Kühner). Während des Dritten Reiches reiste Fritz Mogler als Kurier bis nach Crailsheim, um einzelne Gruppen mit Druckschriften und Hektographien zu versorgen. Dabei entkam er einmal nur knapp der Verhaftung, als er mit einem großen Koffer voller Zeitschriften unterwegs war. Die Nazis kontrollierten den Zug systematisch von vorn bis hinten. So stieg er an der nächsten Haltestelle aus und stieg dann in jenen Teil des Zugs wieder ein, der bereits kontrolliert worden war.

Im Sommer 1944 – die Familie war inzwischen nach Heilbronn in die Wohnung der Familie Kühner[34] gezogen – wurde er verhaftet. Zuerst befand er sich im Gefängnis in Heilbronn, vom 21. August 1944 bis zum 26. April 1945 war er im Landgerichtsgefängnis Ellwangen. In einem Brief vom 15. Oktober 1944 beschreibt er seine Haftbedingungen:

> Möchte Euch noch schreiben, dass leider keine Lebensmittel hier hereindürfen aber Ihr werdet auch nicht zu viel haben. Ich komme schon mit dem aus, andere müßen es ja auch. Besuch darf ich auch keinen bekommen, nicht dass Ihr eine unnötige Fahrt hierher macht.

---

[34] Familie Kühner zog 1939 nach Ravensburg um. Ob dieser Umzug in Zusammenhang mit ihrer Verfolgung durch die Nazis stand, konnte ich nicht ermitteln.

Wenn ich heute an Fritz Mogler denke, so fällt mir immer wieder eine Geschichte ein, die er mir vor vielen Jahren erzählt hat, und ich will sie so wiedergeben, wie sie mir im Gedächtnis geblieben ist:

Der 1. Mai war für mich jedes Jahr ein großes Problem. An diesem Tag fand nämlich auf der Theresienwiese ein großer Aufmarsch statt. Da die Betriebe zu diesen Aufmärschen immer geschlossen antraten, konnte man sofort feststellen, wer nicht erschienen war. Da bekannt war, dass ich an diesen Nazi-Kundgebungen nicht teilnahm, begannen bereits frühzeitig die Drohungen durch einige Funktionäre. In einem Jahr wusste ich mir nicht mehr zu helfen. Also ging ich ein paar Tage vor diesem Termin ins Krankenhaus und ließ mir die Rachenmandeln entfernen. Diesmal jedenfalls hatte ich es schriftlich: Ein ärztliches Attest bescheinigte mir, dass ich keine Möglichkeit gehabt hatte, am Mai-Aufmarsch teilzunehmen.

An dieser Stelle soll noch von Luise Mogler (1902–1987), seiner Ehefrau, die Rede sein. Sie wurde 1944 für kurze Zeit in Heilbronn inhaftiert. Da sie jedoch hochschwanger war – ihre Tochter Ursula kam im Juni 1944 zur Welt – wurde sie bald wieder entlassen.

‚Denk' daran!' – dieser Spruch war auf dem Tintenfass von Emil Bauer (1901–1940, Heilbronn-Böckingen, Teichstraße 8) zu lesen, das auf dem Schreibtisch des Prokuristen der Firma Ludwig Müller Öle (‚Öl-Müller') stand.

Dieser Spruch erinnerte Emil Bauer ständig an den Gehorsam bis zum Tod, den er seinem Gott geschworen hatte. Und dieser Gehorsam brachte ihn nicht nur an die Schwelle des Todes – er führte ihn auch über diese Schwelle hinaus.

Das erste Mal wurde Emil Bauer wegen seines Glaubens 1936 vom Amtsgericht Heilbronn zu 100 Reichsmark Geldstrafe und drei Tagen Haft verurteilt. Im März 1938 verurteilte ihn das Sondergericht Stuttgart – die Verhandlung fand in Heilbronn statt – zu einem Jahr und neun Monaten Gefängnis. Das kann man heute noch im *Heilbronner Tagblatt* vom 9. März 1938 nachlesen.

Bibelforscher vor dem Sondergericht

Sie verteilten hetzerische Drucksachen und Broschüren

Vor dem Sondergericht für den Oberlandesgerichtsbezirk Stuttgart, das am Montag und Dienstag in Heilbronn tagte, hatten sich am ersten Tag folgende Personen zu verantworten:

Der verheiratete 36 Jahre alte Emil Bauer von Heilbronn-Böckingen (vorbestraft, weil er zu einer militärärztlichen Untersuchung nicht erschienen war), der verheiratete 40 Jahre alte Friedrich Vogel von Reckerpartoch (vorbestraft wegen eines ähnlichen Vergehens),

der 55 Jahre alte, verheiratete Paul Eisele von Heilbronn (ebenfalls vorbestraft wegen eines ähnlichen Vergehens),

der 47 Jahre alte und verheiratete Heinrich Baden (noch keine Vorstrafe) und

der 36 Jahre alte, ebenfalls verheiratete Robert Alber von Gemmrigheim.

Der des weiteren angeklagte August Oppenländer entzog sich seinem leiblichen Richter, indem er durch Erhängen seinem Leben ein Ende setzte.

[...] Bibelforscher. Das Urteil lautete wegen Vergehens gegen das „Verbot der Internationalen Bibelforschervereinigung zum Schutze des deutschen Volkes und Staates"

für den Hauptangeklagten Bauer 1 Jahr 9 Monate Gefängnis,

für Vogel 1 Jahr 10 Monate Gefängnis wobei die Anstiftung zur Urkundenfälschung mit berücksichtigt wurde,

für Eisele 1 Jahr 9 Monate Gefängnis,

für Alber 6 Monate Gefängnis und

für Baden Freispruch. Ihm konnte eine strafbare Handlung nicht nachgewiesen werden.

Bei allen vier Verurteilten wurden jeweils drei Monate der erlittenen Untersuchungshaft in Anrechnung gebracht. Außerdem wurde die Schriftleitung der Vogel eingezogen. Der Vorsitzende des Sondergerichtes wartete sämtliche Angeklagten vor neuen Verstößen und stellte ihnen für den Rückfall wesentlich höhere Strafen und schließlich Sicherungsverwahrung in Aussicht.

Zeitungsausschnitt aus dem *Heilbronner Tagblatt* vom 9. März 1938

Nachdem er seine Gefängnisstrafe verbüßt hatte, erging es ihm wie vielen anderen Zeugen Jehovas auch: Er wurde ins KZ eingeliefert. Zuerst, im August 1939, ins KZ Welzheim, dann nach Sachsenhausen, wo er am 23. Mai 1940 starb. Das Telegramm des Lagerkommandanten gibt Lungenentzündung als Todesursache an.[35]

Es ist wenig, was wir heute noch von Emil Bauer wissen. Ein paar Erinnerungen, kaum Fakten und Details. Doch eines steht bei allen, die sich noch

---

[35] Diese Angaben wurden am 20. November 1945 von seiner Frau Frieda Bauer in Asperg gemacht. Ich habe sie wiedergegeben nach einem Auszug aus dem Geschichtsarchiv der Wachtturm Bibel- und Traktat-Gesellschaft, Deutscher Zweig, e.V., Selters, vom 13. Januar 1998.

an ihn erinnern, außer Zweifel: sein starker Glaube, den auch die Nazis nicht zu brechen vermochten.

Die Chronik *Böckingen am See* schreibt über Emil Bauer:

> Aus Böckingen wurde ein kaufmännischer Angestellter in das KZ Sachsenhausen eingeliefert; er ist dort gestorben.[36]

Nicht weniger standhaft trat auch Paul Eisele (1883–1942, Heilbronn, Moltkestraße 73) für seinen Glauben ein. Wie Emil Bauer (und weitere Zeugen Jehovas) wurde er im März 1938 vom Sondergericht Stuttgart verurteilt. Er erhielt ein Jahr und neun Monate Haft (*Heilbronner Tagblatt* vom 9. März 1938). Insgesamt verbrachte er ca. 3 Jahre in den Konzentrationslagern Sachsenhausen und Dachau. Am 19. Januar 1942 wurde er auf einen ,Invalidentransport' geschickt.[37]

Richard Merkle wurde 1906 in Bad Canstatt geboren. Zwei Jahre später zog er mit seinen Eltern nach Obereisesheim. In den 20er Jahren – inzwischen wohnte er in Heilbronn-Neckargartach (heute: Frankenbacher Straße, vormals: Adolf-Hitler-Straße) – wurde er ein Ernster Bibelforscher. Nachdem er mehrere Jahre arbeitslos gewesen war, erhielt der gelernte Formenbauer im März 1933 eine Anstellung bei der Firma Karl Schmidt in Neckarsulm. Doch

---

[36] *Böckingen am See* ... S. 193.

[37] Diese Angaben wurden im Dezember 1945 von Richard Dutt, Heilbronn, gemacht. Ich habe sie wiedergegeben nach einem Auszug aus dem Geschichtsarchiv der Wachtturm Bibel- und Traktat-Gesellschaft, Deutscher Zweig, e.V., Selters, vom 13. Januar 1998. ,Invalidentransport' bedeutete Tötung durch Gas.

bereits ein Jahr später entließ man ihn aufgrund seiner religiösen Überzeugung als ‚politisch unzuverlässig‘.

Aber es sollte noch schlimmer kommen. In einem Lebenslauf, den er im März 1946 verfasste, schilderte er sein Martyrium.

Im dritten Reich hatte ich viele Schwierigkeiten wegen meiner Glaubensüberzeugung, weil ich nicht gewählt hatte und auch den Hitlergruß nicht erwiderte. Im Frühjahr 1940 wurde ich zum Heeresdienst eingezogen, hatte dort das Töten von Menschenleben aus Glaubensgründen verweigert. Wurde verhaftet und vor das Reichskriegsgericht in Berlin gestellt, und in der ersten Verhandlung wegen Befehlsverweigerung zum Tode verurteilt. Wurde dann nochmals untersucht, wobei als Befund militärisch untauglich festgestellt wurde (Herzleiden). Danach bekam ich eine zweite Verhandlung und wurde dann zu drei Jahren Gefängnis verurteilt, Die Strafe musste ich in Rothenburg [= Rottenburg/Neckar, d. Verf.] verbüßen, wobei ich das Korbmacherhandwerk erlernte, [ein Teil des Textes ist hier durchgestrichen, d. Verf.].
Insgesamt war ich 43 Monate in Haft (einschließlich 7 Monate Untersuchungshaft Berlin).
Während ich das Todesurteil hatte war ich 6 Wochen lang gefesselt Tag und Nacht. Im Oktober 1943 als meine Strafzeit um war, kam ich noch vor meiner Entlassung nach Stuttgart vor die Geheime Staatspolizei. wurde dort nochmals vernommen und gefragt ob ich heute noch diese Einstellung hätte, vorauf ich mit „J a“ antwortete. Darauf wurde mir mit Dachau gedroht, falls ich mich nicht umstellen würde. Ich kam dann nach Heilbronn in einen [ein Teil des Textes ist hier durchgestrichen, d. Verf.] betrieb (Schlosserei Gärtner), wo ich als Stanzer eingelernt wurde. Dort war ich bis zur Besetzung tätig. Kurz vorher sollte ich noch zum Volkssturm eingezogen werden, wogegen ich mich wiederum sträubte. Zum Glück ging alles so schnell, sonst hätten sie mich nochmals verhaftet.
Ich bin nun mit meinem jetzigen Lose zufrieden und sehe mit gläubigem Herzen der Zukunft entgegen.

Neckargartach, den 10. 3. 1946

Richard Merkle kam, wenngleich auch äußerst knapp – mit dem Leben davon. Bei anderen Zeugen Jehovas war das nicht der Fall.

Es ließe sich noch vieles berichten. Meist persönliche Erinnerungen, eine Handvoll Fakten ...

... von Friedrich Vogel (geb. 1898, Heilbronn-Neckargartach), den das Sondergericht Stuttgart im März 1938 zu einem Jahr und zehn Monaten Gefängnis verurteilte (*Heilbronner Tagblatt* vom 9. März 1938).

... von Wilhelm Auer, (geb. 1900, Heilbronn), der am 21. März 1938 im Militärgefängnis Germersheim sein Leben verlor (Urkunde Standesamt Germersheim Nr. 16/1938).

... von Georg Ebert (Talheim), den das Sondergericht Stuttgart im März 1938 zu zwei Jahren Gefängnis verurteilte (*Heilbronner Tagblatt* vom 28. März 1938 – s. Anhang I) und der schließlich im KZ Sachsenhausen umkam.

... von Max Grau (1899–1944, Nordheim)[38], der während der Mobilmachung 1939 verhaftet wurde, weil er dem Gestellungsbefehl nicht nachgekommen war. (Aus religiöser Überzeugung hatte er bereits die Übungen der Jahrgänge 1895–1900 in Weinsberg verweigert) Der in die Schweiz auswandern wollte, was ihm die Behörden jedoch mit dem Hinweis verwehrten, so lange er deutscher Staatsangehöriger sei, müsse er auch seinen Pflichten gegenüber dem Staat nachkommen; der einen kleinen Textilhandel auf Bestellung betrieb und als gewandter Redner – aus seiner religiösen Überzeugung machte er kein Hehl – bei den Nazis besonders verhasst war. Den viele in Nordheim aufgrund seiner Haltung verhöhnten. Den das Kriegsgericht in Heilbronn wegen Nichterfüllung seiner Verpflichtung im Wehrfall zu acht Jahren Zuchthaus verurteilte. Und der anschließend in Nordnorwegen bei einer Strafkompanie eingesetzt wurde. Am 9. September 1942 schrieb er an seine Frau Ria:

---

[38] Ein kurzer Abriss über Max Grau findet sich in den *Nordheimer Mitteilungen*, September 1989. S. 3. Vgl. auch: Maurhoff, Steffan: *An einem Tag wurde das Dorf überrannt*. In: *Heilbronner Stimme* vom 7. April 1995.

du kannst später mit gutem Gewissen sagen du hast überwunden [...]. denn gerade weil du in einer so schlechten körperlichen Verfassung bist, so wiegt dein Glaube doppelt auf, und so denke ich dabei an die Leiden Hiobs; [...]. Möge dich der Herr auch noch die kurze Zeit stärken u. bewahren und die Versuchungen überwinden helfen.

Die Verfolgung durch die Nazis vermochte seinen Glauben nicht zu brechen. Das geht aus einem Brief hervor, den er am 28. März 1944 an seine Frau schrieb. In diesem Brief lässt er auch seinen Sohn Theo grüßen:

Ich wünsche Ihm alles Gute und vor allem einen gesunden und klaren Blick. Möge er erkennen was Millionen Menschen verborgen bleibt. - [...]
Es würde mich freuen wenn ich eines Tages die Nachricht erhielt, dass Theo den Weg gefunden hat den seine Eltern gegangen sind. -

Am 25. April 1944 verurteilten die Nazis Max Grau wegen „Zersetzung der Wehrkraft" zum Tode und „dauerndem Verlust der bürgerlichen Ehrenrechte". Das Todesurteil wurde am 22. Mai 1944 vollstreckt (Sterberegister des eigens für das besetzte west-norwegische Gebiet eingerichteten Standesamtes Oslo mit der Nr. 169/1944). Als letzter Aufenthaltsort ist Alta angegeben.

Doch vereinzelt lässt sich auch halbwegs Positives berichten. So schildert Detlef Garbe den Fall von Bruno Knöller (geb. 1922). Er zog, zusammen mit seinem Bruder Helmut (geb. 1920), im Jahr 1937 von Simmozheim nach Heilbronn (Schillerstraße), weil beide im Stuttgarter Raum aufgrund ihrer Verweigerung des Hitler-Grußes keine Berufsausbildung erhalten konnten. (Helmut Knöller hatte seine Ausbildung in Stuttgart abbrechen müssen.[39]) In Heilbronn begann Bruno Knöller eine Lehre als Kaufmann bei der Firma C. F. Frey Nachf., Inhaber W. Rechkemmer (Badstraße). Sein Bruder erhielt eine Lehrstelle bei der Firma Georg Diener (Titotstraße). Bruno Knöller wurde jedoch – nach einem Verhör durch die Gestapo – fristlos entlassen.[40] Einige Zeit danach fand er vorübergehend Arbeit bei der

---

[39] Garbe: *Zwischen Widerstand und Martyrium* ... S. 182 und 186.
[40] Später erinnerte sich Bruno Knöller dankbar daran, dass ihn sein Chef schützte,

Firma Ernst Mayer (Briefhüllen). Aufgrund einer Krankheit, einem schweren Nierenleiden, wurde er als zeitlich untauglich bis zum 31. Dezember 1944 vom Wehrdienst zurückgestellt. Ohne Nachmusterung erhielt er jedoch im Herbst 1944 einen Gestellungsbefehl. Aufgrund des Rats seiner Ärztin, Frau Dr. Rath, begab er sich dann zum Wehrbezirkskommando Heilbronn, um selbst eine Nachmusterung zu beantragen. Dort half ihm ein verständnisvoller Beamter, die nächsten Wochen zu überbrücken. Schließlich tauchte Bruno Knöller, nach dem Bombenangriff auf Heilbronn am 4. Dezember 1944, unter. Eine Zeit lang konnte er sich bei verschiedenen Bekannten, u. a. „bei einem Heilbronner Fabrikanten, verbergen, der ihm Schutz bot, obwohl er selbst kein Zeuge Jehovas war."[41] So überlebte er.

Von seinem Bruder Helmut Knöller stammt einer der eindrucksvollsten und schauerlichsten Berichte über den Alltag nicht angepasster Schüler im Dritten Reich:

> Gerade zu der Zeit, als die Tätigkeit der Zeugen Jehovas in Deutschland im Jahre 1933 verboten wurde, ließen sich meine Eltern zum Zeichen ihrer Hingabe an Jehova taufen. Aber für mich mit meinen 13 Jahren brach mit dem Verbot die Zeit der Entscheidung an: Im Gymnasium gab es nun öfters Prüfungen wegen des Flaggengrußes, wobei ich mich für die Treue gegenüber Jehova und die Hingabe an ihn entschied. Unter diesen Verhältnissen war an ein Hochschulstudium nicht mehr zu denken, und so begann ich eine kaufmännische Lehre in Stuttgart, die zweimal in der Woche den Besuch der Handelsschule einschloß; aber auch dort wurde jedesmal die Flagge gehißt. Natürlich fiel ich als der Größte durch meine Weigerung, die Fahne zu grüßen, prompt auf.
> Wenn der Lehrer das Schulzimmer betrat, war es für die Schüler Vorschrift, aufzustehen, laut mit ‚Heil Hitler!' zu grüßen und die rechte Hand vorzustrecken. Dies machte ich auch nicht mit. Natürlich schaute der Lehrer nur auf mich, und dann gab es oft Szenen wie diese: „Knöller, kommen Sie mal raus! Warum grüßen Sie nicht mit ‚Heil Hitler!'?"

---

so gut es ging. Doch nachdem er gestapobekannt geworden war, blieb der Firma wohl zur Entlassung keine Alternative mehr.

[41] Garbe: *Zwischen Widerstand und Martyrium ...* S. 387f.

„Das ist gegen mein Gewissen, Herr Lehrer." „Was, Sie Schwein, Sie! Gehen Sie bloß weiter weg von mir, Sie stinken ja. Noch weiter! Pfui, so ein Volksverräter ..." Ich wurde dann in eine andere Klasse versetzt. Und als mein Vater selbst beim Rektor vorsprach, erhielt er folgende markante Erklärung: „Kann Ihnen Ihr Gott, auf den Sie hoffen, auch nur ein Stück Brot geben? Adolf Hitler kann es, der hat es bewiesen." Darum müsse man ihn auch verehren und mit ‚Heil Hitler!' grüßen.[42]

Dass nicht alle so stark waren wie Helmut Knöller, zeigt sich am Beispiel seines Bruders Egon:

Egon ... hat eben – mit schlechtem Gewissen – mitgemacht, doch nachher oft geweint. Dem allgemeinen Druck zu widerstehen war schwer.[43]

Helmut Knöller erhielt im März 1940 den Gestellungsbefehl. Wegen Wehrdienstverweigerung kam er dann am 1. Juni 1940 ins KZ Dachau:

Die ersten Tage in Dachau waren sehr hart. Unter den Neulingen war ich mit meinen zwanzig Jahren der jüngste. Ich wurde sofort in ein Sonderkommando gesteckt, das auch am Sonntag arbeiten mußte. Der Kapo, der uns zu beaufsichtigen hatte, nahm mich besonders hart heran. Ich mußte alles, selbst die schwersten Arbeiten, die ich nicht gewohnt war, im Laufschritt machen. Ich brach wiederholt zusammen, wurde aber jedesmal zur Ernüchterung im Keller bis zur Hüfte ins Wasser gestellt und dort zusätzlich mit Wasser übergossen.[44]

Am 3. September 1940 wurde Helmut Knöller ins KZ Sachsenhausen ‚überstellt'.[45] Später verlegte man ihn auf die Gefangeneninsel Alderney (Frankreich). Nach der Invasion der Alliierten in Frankreich kam er ins KZ

[42] *Jahrbuch der Zeugen Jehovas 1974 ...* S. 117f.

[43] Garbe, Detlef / Knöller, Bruno: *Die Bibel, das Gewissen und der Widerstand. Die Familie Knöller im „Dritten Reich".* In: Roser, Hubert (Hrg.): *Widerstand als Bekenntnis. Die Zeugen Jehovas und das NS-Regime in Baden und Württemberg.* Konstanz 1999. S. 229.

[44] *Jahrbuch der Zeugen Jehovas 1974 ...* S. 170.

[45] Ein Teil der Angaben stammt aus dem Archiv der KZ-Gedenkstätte Dachau (Brief vom 5. Februar 1998 an den Verfasser).

Nordhausen, später nach Österreich. Dort befreiten ihn im Mai 1945 die US-Streitkräfte.

Trotz aller Härten und Schwierigkeiten überlebten Helmut und Bruno Knöller das Dritte Reich. Nicht so Wilhelm Schenk (1899–1939, Neckarsulm, Bleichstraße 3). Er wurde 1922 ein Ernster Bibelforscher – zunächst der einzige im ganzen Ort. Aufgrund seiner religiösen Überzeugung verlor er 1934 seine Arbeitsstelle. Danach musste er sich und seine Familie als Hilfsarbeiter auf dem Bau über Wasser halten. Am 6. Oktober 1938 wurde er das erste Mal verhaftet und war bis zum 1. Mai 1939 im Gefängnis in Heilbronn. Nach der Mobilmachung erfolgte am 26. August 1939 seine zweite Verhaftung. Bis zum 6. Oktober 1939 befand er sich erneut im Gefängnis in Heilbronn, dann wurde er nach Berlin-Plötzensee überführt. Dort wurde er am 11. November 1939 wegen Wehrdienstverweigerung enthauptet. Sein Abschiedsbrief – wenige Stunden vor seinem Tod verfasst – ist ein erschütterndes und bewegendes Dokument: Sowohl Zeugnis einer unmenschlichen Diktatur als auch eines standhaften Glaubens, den selbst der Tod nicht brechen konnte.

Lb Mina & Willi!

Lobet Gott & haltet seine Gebote! Ich habe den guten Kampf des Glaubens gekämpft ich habe den Glauben bewahrt! Ich will euch Lb Mina nun schreiben, dass ich zum letzten mal schreibe. Aber Herzlich möchte ich dich bitten sei stark vertraue auf Gott, damit du noch Willi als Stütze dienst. Es war nicht möglich dich früher zu verständigen ich habe es heute Abend 7 Uhr selbst erst erfahren. Gott hat es nun Wohlgefallen, dass ich meinen Lauf auf dieser Erde beende. Seit nun nicht bedrübt oder verzagt sondern danket Gott, dass er mir Kraft gegeben hat alles zu tragen. Hier kann ich ja nicht alles mehr schreiben was ich wünsche da ja der Raum zu klein ist.
[...]
Lb Mina ich habe keinen Augenblick gezweifelt bis auf den heutigen Tag & bin auch völlig Innerlich befriedigt bis zur letzten Stunde. Ich weiß das ich nur für Gott & seine Sache gekämpft habe doch bin ich nicht der erste der nicht verstanden wird. Es ist nun gut Lb Mina, dass

ich hier bin so gern ich von dir noch Abschied genommen hätte, aber
für dich währe es bestimmt schwerer & so hat es Gott zugelassen, dass
wir uns in Heilbronn zum letzten mal gesehen haben. [...]
Das Urteil wird am 11. Vollstreckt also bis der Brief ankommt bin ich
von Erden erlöst. Ich weiß aber dass Gott euch Kraft gibt denn das wird
mein letzter Wunsch sein. Laßt nun die Dinge kommen wie sie Gott
bestimmt hat. Emil & Anna Grüße ich auch & weiß, dass sie dir allezeit
eine Hilfe sein werden. Es wird ja für deine Mutter auch schwer sein
aber ich überlasse es euch wie ihr das sagen wollt.
[...]
Grüße alle Bekannten von mir Herzlich & viel Kraft für Emilie es ist
nun des Christen Lauf einmal so bestimmt. Also Paula sagst Herzliche
Grüße & macht euch das Leben nicht schwer. Gott gebe euch Kraft
sowie auch mir dass ich bis zur letzten Stunde stehen darf. Lebt wohl
im Herrn & vertraut auf Gott & Willi sei immer der Mutter gehorsam
so wird dich Gott behüten.
Letzten Gruß von euerem Wilhelm.

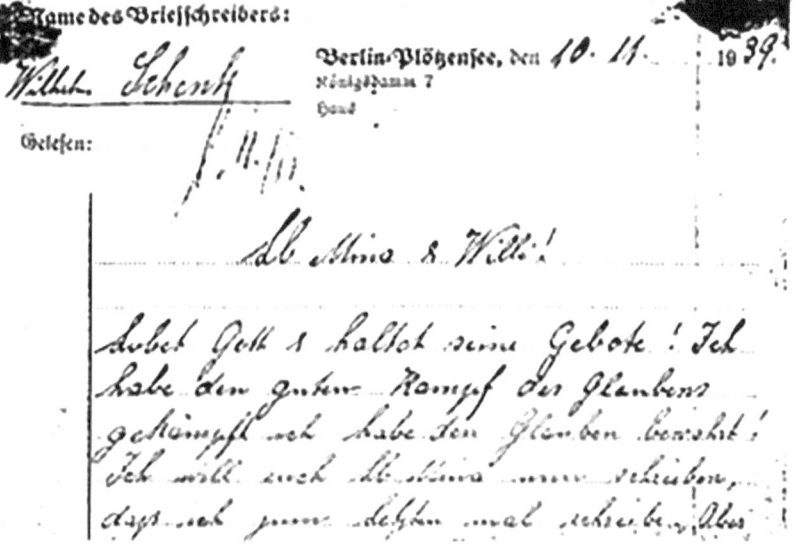

Abschiedsbrief von Wilhelm Schenk (Berlin-Plötzensee 10. November 1939)

Die Chronik *Böckingen am See* berichtet über Wilhelm Schenk:

… ein Neckargartacher [wurde] am 10. November 1939 enthauptet. Sein Abschiedsbrief zeugt von einer bewundernswerten Glaubenskraft und angstfreier Zuversicht.[46]

Wie aber erging es der Familie von Wilhelm Schenk? Im Jahre 1985 hat seine Frau Mina das Leben unter den Nazis aus ihrer Sicht geschildert.

Der Schrecken und die Angst sind immer dagewesen, weil wir nie gewußt haben, wie die Nationalsozialisten vorgingen. Aber ich kann heute nur noch das Wichtigste erzählen:
Schon 1938 wurde mein Mann von den Feldjägern abgeholt. Wir wohnten damals in einem Haus, in dem unten eine Bäckerei war, in Neckarsulm. Mein Mann hatte einen Musterungsbefehl erhalten und war nicht zur Musterung gegangen. Nach drei Tagen kamen die Feldjäger und klopften unten an die Dachrinne. Als mein Mann hinunter ging, haben sie ihn verhaftet. Er kam nach Heilbronn ins Gefängnis. Später haben sie ihn noch einmal direkt vom Geschäft weg verhaftet und brachten ihn auch ins Heilbronner Gefängnis. Mir sagten die Feldjäger, dass mein Mann nicht nachhause kommen wird, weil er eingesperrt sei. Ein Mithäftling, dem mein Mann aus der Bibel erzählte, hat meinen Mann verraten und kam dadurch frei. Ende März 1939 wurde dann mein Mann ins Gefängnis nach Neckarsulm verlegt. Ich hatte von unserem Wohnzimmerfenster aus fast in seine Zelle sehen können. Es gab nur fünf Bibelforscher in Neckarsulm: zwei Männer, also mein Mann und noch ein anderer und drei Frauen, mein Sohn und die Schwester W., die jetzt auch schon 93 Jahre alt ist, waren auch noch dabei. Wir wurden zwar nicht regelrecht verfolgt, aber zu leiden hatten wir schon. Auch mein Sohn in der Schule!

---

[46] *Böckingen am See* … S. 193. Allerdings ist hier der Todestag falsch angegeben. Wilhelm Schenk wurde am 11. November 1939 enthauptet.

Man gab ihm keine Bücher mehr. Wir bekamen keine staatliche Unterstützung, da leidet die ganze Familie darunter. Die Unterdrückung ging mehr so im Hintergrund, sie war nicht so offensichtlich. Vor allem wollten sie die Frauen nicht so behandeln wie die Männer.

So bekam ich zum Beispiel keine staatliche Unterstützung, als mein Mann tot war. Für mein Kind bekam ich zwölf Mark und ein paar Pfennige als Waisenrente. Eine Arbeit habe ich auch nicht bekommen, weil ich zu den Bibelforschern gehörte.

Auf uns hat man mit den Fingern gezeigt und hat gesagt: „Da guckt sie an, die Bibelforscher"! Aber wir haben das nicht böse aufgenommen.

Wir Bibelforscher haben zusammengehalten und haben uns gegenseitig geholfen. So konnte ich z. B. in der Bäckerei in Neckargartach arbeiten. Die Bäckersleute sind auch Bibelforscher. Die haben mich unterstützt und haben mir Essen gegeben. Auch von unserer Versammlung bekam ich ab und zu ein wenig Geld.

Besonders schlimm waren für uns immer die Wahltage. Bibelforscher gehen meistens nicht wählen. Wenn ein Wahltag kam, hatten wir immer große Angst. Wir gingen den Menschen aus dem Weg. Oft blieben wir den ganzen Tag im Wald oder wir taten so, als seien wir nicht zu Hause. Aber einmal kamen 22 Männer, die uns zur Wahl abholen wollten. Vor lauter Aufregung bekam ich eine Herzattacke und brauchte dringend einen Arzt. Mein Mann suchte den Arzt und musste ihn schließlich aus dem Saal holen, in dem die Wahlversammlung war. Wahrscheinlich stand er auch auf ihrer Seite.

Sogar mein eigener Bruder war bei diesen 22 Männern. Ich wollte mich nicht so aufregen, aber es war furchtbar für mich. Wir waren nicht böse auf ihn, weil wir wußten, dass die Zeit der Verfolgung da ist, wie es in der Bibel steht. Da hatten wir uns auch schon darauf eingestellt. Doch die Angst war trotzdem immer da. Wenn es an der Türe klopfte, fürchtete man, es könnte jemand sein, der von ihnen kommt.

Auch unsere Versammlungen mussten wir geheim halten. Die Treffpunkte wurden immer wieder verändert, damit sie nie genau wußten, wo wir uns trafen. Wir hatten auch immer Angst, wenn wir uns trafen.

Manche von uns blieben schließlich ganz weg, weil sie die Angst nicht mehr aushielten.

Wenn heute in unserem „Wachtturm" von Verfolgung die Rede ist, dann denke ich oft, so etwas liest sich leicht, aber wenn man persönlich davon betroffen ist, ...

Wir beten immer: „Dein Reich komme", wir sehnen uns danach, dass die Welt anders werden möchte, aber es geht nicht so, wie wir es denken. Auch in unseren Versammlungen besprechen wir, was wir machen könnten, wenn wieder Verfolgungen über uns kommen.

Damals musste auch der „Wachtturm" heimlich verteilt werden. Ich weiß noch, dass immer ein Mann zu uns kam, also zu meinem Mann und brachte Zeitungen, die mein Mann verstecken musste. Sie wurden dann unter der Hand verteilt. Weil wir so fest zusammenhielten, wußten wir immer gleich, wann wieder einer von uns verhaftet wurde. Wir Bibelforscher haben ja nie etwas gegen den Staat getan. Wir wollten uns immer aus allem heraushalten. Einzig unser Glaube widersprach dem, was der Staat von uns verlangte. Das war der Grund für die Verfolgung.

Mein Mann wurde im März 1938 entlassen und im September '39 brach der Krieg aus. Am 5. Oktober kam mein Mann nach Berlin. Da ich in Neckarsulm geboren bin, kannten mich alle, aber niemand half mir. Vielleicht schämten sie sich? Sogar meine Schwägerin war gegen uns. Ihr Sohn hat, nachdem mein Mann schon hingerichtet worden war, immer noch „Heil Hitler" zu mir gesagt. Wir haben zusammen auf einem Stock gewohnt. Ich habe immer „Guten Tag" zu ihm gesagt. Aber das ist alles vergessen. Er hat nachher selbst sein Leben lassen müssen. Ich habe gedacht, Gott weiß, wer es gut meint und ob wir Menschenanbeter sind oder Gottesanbeter.

Am 1. November war die Verhandlung meines Mannes und am 10. November, abends um 7.00 Uhr ist ihm gesagt worden, dass er mir schreiben soll. Das war sein letzter Brief.

Bei Tagesanbruch wurde er hingerichtet. So wie er es geschrieben hatte. Bis ich den Brief dann erhalten hatte, verging nochmals einige

Zeit. Mein Schwager meinte, ich hätte vorher nach Berlin fahren sollen, um meinem Mann beizustehen oder um ihn umzustimmen. Aber ich glaube, es wäre zu spät gewesen. Wie es in der Bibel steht, haben schon früher die ihr Leben lassen müssen, die den Glauben hatten.

Andere Bibelforscher, die im Gefängnis ihrem Glauben noch abgeschworen haben, wurden zwar nicht zum Tode verurteilt, aber man schickte sie an die vorderste Kampffront und vollstreckte auf diese Weise das Todesurteil. Es waren schlimme Zeiten, die man nicht noch einmal erleben möchte. Aber man wird auch schwer damit fertig, dass sie heut schon wieder Raketen bauen und einen Krieg vorbereiten. Wir leiden doch noch an den Folgen des letzten Krieges. Ich kann mich nur mit meinem Glauben trösten.[47]

---

[47] *Frau S. – eine Bibelforscherin: Auf uns hat man mit den Fingern gedeutet.* In: *Heimatfront. Werkstattgruppe der Frauen für Frieden / Heilbronn. Wir überlebten. Frauen berichten.* Stuttgart 1985. S. 131 ff.

Hat sich der Widerstand gelohnt?

Es erscheint mir vermessen, diese Frage heute als Nichtbeteiligter – in einer Zeit der Ruhe und Stabilität, die ein Rechtsstaat garantiert – zu beantworten. Deshalb lasse ich einen der Beteiligten selbst zu Wort kommen:

> Als kleine Existenzen stehen die meisten Menschen – so auch ich – hilflos in der geschichtlichen Talsohle des Lebens. Man wird mit dem Ablauf der Ereignisse mitgerissen, ohne Einfluß nehmen zu können. Man weiß einfach nicht, was mit einem geschieht. Wo geht es lang? Wer hat noch die Orientierung? Wer zieht welche Fäden?

> Trotzdem ergeben sich Chancen, die einen Menschen zufriedenstellen können - man muss sich selbst treu sein, darf sich nicht das Rückgrat brechen lassen. Aus meinen Erfahrungen kann ich sagen, dass man nur Verpflichtungen seinem Gewissen und Gott gegenüber hat. Mein manchmal kindliches Gottvertrauen – durchweg im positiven Sinne gemeint – meinem Gott „Jehova" gegenüber, hat mir geholfen, betrübliche Situationen besser zu meistern.[48]

In seinem autobiografisch geprägten Roman *Zwei Briefe an Pospischiel* erzählt Max von der Grün in der Rückblende von den Erlebnissen seiner Familie im Dritten Reich. Der Vater von Paul Pospischiel, der Hauptfigur des Romans, war Zeuge Jehovas und saß fast sieben Jahre im KZ. In dem Roman kommt es schließlich zu einer existenziellen Diskussion:

> „Was ist das für ein Mensch, der im KZ sitzt, nach jedem halben Jahr nach Hause kann, unterschreibt er nur einen Wisch, und so einen Wisch hat doch kein vernünftiger Mensch damals ernst genommen. [...] Er lässt seine Frau den Mörtel von den Wänden fressen, sein einziges Kind von der Schule fliegen, nur weil er ums Verrecken nicht unterschreiben will. Hat er etwas geändert, dein Vater?", worauf Pospischiel

---

[48] Hollweg, Max: *Es ist unmöglich von dem zu schweigen, was ich erlebt habe. Zivilcourage im Dritten Reich.* Bielefeld 1997. S. 7.

antwortet: „Vater hat wahrscheinlich auch nie gefragt, ob es was nützt, er konnte nicht anders."[49]

Und hier noch eine Antwort. Sie stammt von Karl-Josef Kuschel, Professor für Theologie an der Universität Tübingen. Zunächst schildert er das geistig-intellektuelle Klima im Deutschland der 68er-Bewegung:

Ich erinnere mich, dass auch ich während meines Studiums lange unter diesem Peinlichkeits-Verdikt [an Gott zu glauben, d. Verf.] gelitten habe. Das war in den Jahren um 1970, als in Deutschland das intellektuelle Klima von der „Kritischen Theorie" der Frankfurter Schule beherrscht wurde, verbunden mit den Namen Adorno und Horkheimer sowie vom Kritischen Rationalismus eines Karl Popper und Hans Albert. Auch ich habe mich oft davor „gedrückt" einzugestehen, dass ich mit der Gottesfrage noch nicht fertig bin. Nur ja nicht bestimmten Freunden erzählen, dass ich Theologie studiere. Ich könnte ja Spötter und Hämlinge auf mich ziehen. [50]

Aber dann kommt es für Kuschel zu einer interessanten Erfahrung, die auch Licht auf die Frage wirft „Hat sich der Widerstand gelohnt?"

Zugleich gehört zu den unvergessenen Erfahrungen meines Lebens die Lektüre eines Interviews, das der Philosoph Max Horkheimer im Jahr 1970 dem Nachrichtenmagazin DER SPIEGEL gibt. Ich traue meinen Augen kaum, als ich ausgerechnet von Horkheimer lese: „Theologie bedeutet das Bewusstsein davon, dass die Welt Erscheinung ist, dass sie nicht die absolute Wahrheit, das Letzte ist. Theologie ist – ich drücke mich bewusst vorsichtig aus – die Hoffnung, dass es bei diesem Unrecht, durch das die Welt gekennzeichnet ist, nicht bleibe, dass das Unrecht nicht das letzte Wort sein möge ... Ausdruck einer Sehnsucht,

---

[49] Grün, Max von der: *Zwei Briefe an Pospischiel. Roman.* Darmstadt 1976. S. 149.
[50] Kuschel, Karl-Joseph: *Sinnfindung und Sinnstiftung. Wozu heute noch Religion?* PDF-Manuskript der SWR2-Sendung Aula vom 25.12.2014. Der Abdruck erfolgt mit freundlicher Genehmigung von Karl-Joseph Kuschel. S. 5.

einer Sehnsucht danach, dass der Mörder nicht über das unschuldige Opfer triumphieren möge".[51]

Auf den ersten Blick mag es in der Tat überraschend klingen, dass Horkheimer im Rekurs auf Gesellschaft und Geschichte die Religion ins Feld führt. Doch auch sein langjähriger Weggefährte, Theodor W. Adorno, gebraucht in seiner *Ästhetischen Theorie* einen zentralen Begriff, der eindeutig der Sphäre des Religiösen zuzuordnen ist: Versöhnung. Dieser Begriff entstammt der jüdisch-christlichen Tradition (3. Mose Kapitel 16, Verse 3ff und 3. Mose Kapitel 23, Verse 27ff). Er steht für Adorno indes nicht mehr im religiösen Kontext, sondern im ästhetisch-philosophischen. Im Alltag und in der gesellschaftlichen Praxis kann nach Adorno die Hoffnung auf die Versöhnung gesellschaftlicher Gegensätze nicht mehr sinnvoll verortet werden. Im ästhetisch forcierten Kunstwerk (wie zum Beispiel in den Symphonien von Mahler, den Kompositionen von Schönberg, Berg und Webern, den Texten von Kafka, Thomas Mann, Döblin etc.) scheint Versöhnung wenigstens für einen Augenblick noch auf. Für dieses Aufscheinen gebraucht Adorno die Metapher des Feuerwerks und den Begriff der Apparition im Sinne eines flüchtigen Aufleuchtens.[52]

Doch zurück zu Karl-Joseph Kuschel:

Ich erinnere mich noch genau an die befreiende Wirkung dieser Sätze. Sie holen mich aus der intellektuellen Defensive. Plötzlich sehe ich eine Möglichkeit, […] Glauben an Gott zu leben ohne sofortigen Ideologieverdacht. „Glauben an Gott" muss ja nach Horkheimer nicht notwendig Ausdruck der Vertröstung auf ein Jenseits sein, sondern kann radikale Kritik an einer Welt bedeuten, die ihre Eindimensionalität verabsolutiert hat. […]

Im Raum der Literatur habe ich für diesen Grundgedanken keinen besseren Autor gefunden als den Schweizer Schriftsteller Kurt Marti. In

---

[51] Kuschel: *Sinnfindung und Sinnstiftung* … S. 5.

[52] Für mich ist erst hier der wirkliche Endpunkt der bürgerlich-idealistischen Ästhetik erreicht (und der Übergang zur Postmoderne bereits angedeutet). Für die gesellschaftliche Praxis jedenfalls taugt dieser resignative Ansatz nichts mehr.

seinem wegweisenden Lyrik-Bändchen „Leichenreden" von Ende der 60er-Jahre hat er die mich bis heute prägende Grundüberzeugung in diese Verse gebracht:

das könnte manchen herren so passen
wenn mit dem tode alles beglichen
die herrschaft der herren
die knechtschaft der knechte
bestätigt wäre für immer

das könnte manchen herren so passen
wenn sie in ewigkeit
herren blieben im teuren privatgrab
und ihre knechte
knechte in billigen reihengräbern

aber es kommt eine auferstehung
die ganz anders wird als wir dachten
es kommt eine auferstehung die ist
der aufstand gottes gegen die herren
und gegen den herrn aller herren: den tod

Ich begriff: Dem Tod die Macht zu lassen, heißt, den Mächtigen dieser Erde in die Hände zu spielen und die Strukturen von Macht und Ohnmacht letztlich unangetastet zu lassen. Der Tod wäre dann gerade nicht der egalitäre „Schnitter", der alle gleich trifft, vielmehr ein Komplize der Mächtigen. […]

[…] Lebenserfahrungen haben mich dann auch in meiner Überzeugung bestätigt, dass wir Menschen etwas in uns tragen, was ich ein Hiob-Gen nennen möchte: die Fähigkeit und den Willen, uns gegen himmelschreiende Unrechtsverhältnisse aufzulehnen […][53]

Den prinzipiellen Einspruch des christlichen Glaubens gegen alles Herrschende hat Jesus Christus in einer bis heute geltenden Endgültigkeit im Vaterunser formuliert:

---

[53] Kuschel: *Sinnfindung und Sinnstiftung …* S. 5ff.

Dein Königreich komme. Dein Wille geschehe wie im Himmel so auch auf der Erde. [54]

Die Hoffnung des Christen auf etwas Zukünftiges, auf eine bessere Welt hier auf der Erde – auf die Jesus ja ausdrücklich hinweist („so auch auf der Erde") – ist Einspruch *per se* gegenüber allem, was sich auf dieser Erde als menschengeschaffenes Paradies und Gottesreich ausgibt. Das hat nichts mit weltabgewandter Frömmelei zu tun, sondern ist Ausdruck einer Hoffnung und Zuversicht, die das Hier und Jetzt überschreitet. Die Halt! sagt und Mit-mir-nicht! Und zwar zu allem, was mit absolutem, totalem oder gar totalitärem Anspruch daher kommt.

An anderer Stelle formuliert Jesus diese Überzeugung noch prägnanter als im Vaterunser:

Mein Königreich ist kein Teil dieser Welt. Wäre mein Königreich ein Teil dieser Welt, so hätten meine Diener gekämpft … [55]

Hierbei wird diese christliche Grundlehre durch die Tatsache, dass es gerade die „christlichen Nationen" waren und sind, die sich aktiv an den blutigsten Gemetzeln beteiligt haben und immer noch beteiligen, nicht aufgehoben. Viele haben sich auf Jesus und das Urchristentum bezogen, ohne wirklich nach den Grundsätzen des Neuen Testaments zu leben. Was Kuschel, bezogen auf den Sinn der theologischen Theorie ausführt, erhält deshalb seine volle Bedeutung erst in der *gelebten* Praxis des Gläubigen:

Ja, wie der Leib ohne Geist tot ist, so ist auch der Glaube ohne Werke tot.[56]

Der *gelebte* Glaube jener Menschen, von denen hier Zeugnis abgelegt wird, ist in der Tat radikaler Einspruch gegen die beliebige Funktionalisierung der Religion. Und zwar nicht nur bis *an*, sondern bis *in* den Tod.

---

[54] Matthäus Kapitel 6, Vers 10. Zit. nach: *Neue-Welt-Übersetzung …*
[55] Johannes Kapitel 18, Vers 35. Zit. nach: *Neue-Welt-Übersetzung …*
[56] Jakobus Kapitel 2, Vers 26. Zit. nach: *Neue-Welt-Übersetzung …*

Nach dem Feuerofen

Als sich die Tore der Konzentrationslager öffneten, kamen erstaunlicherweise mehr Zeugen Jehovas heraus, als hineingegangen waren. Ihr Missionseifer hatte sogar hinter den Toren der KZs nicht Halt gemacht, sodass Mithäftlinge sich den Zeugen Jehovas anschlossen. Es existieren Berichte, wonach in einigen Lagern heimliche Taufen stattgefunden haben. Im Jahre 1946 organisierte man den ersten Nachkriegskongress der Zeugen Jehovas in Nürnberg. Als Austragungsort wählte man das ehemalige Reichsparteitagsgelände. Man empfand das als Triumph über das NS-Regime. Als Kongress-Plakette wählte man den Lila Winkel, als Ausdruck der Unbeugsamkeit der Zeugen Jehovas im Dritten Reich.

Den 6.000 Anwesenden in Nürnberg war es eine Genugtuung, als Erich Frost, selbst ein Verfolgungsopfer, am Sonntag, den 29. September, in seinem Hauptvortrag, betitelt: *Christen im Feuerofen*, auf die brutale Verfolgungszeit Bezug nahm, während Nürnberg zur gleichen Zeit Schauplatz der Kriegsverbrecherprozesse war. Für den nächsten Tag war von der ame-

rikanischen Militärregierung die Urteilsverkündung angekündigt worden. So kam es, dass während die Urteile gegen die Hauptverantwortlichen der Nazi-Verbrechen verkündet wurden, auf dem ehemals nationalsozialistischen Propagandagelände der Kongress von Nazi-Verfolgten mit dem Motto *Starken Herzens für die Nachkriegszeit* zu Ende ging.[57]

Jehovas Zeugen sind in Deutschland, so auch in Heilbronn, bis heute präsent. Innerhalb weniger Jahre vervielfachte sich ihre Zahl.

Im Zug des deutschen Wirtschaftswunders kamen ab den 1960er Jahren viele Gastarbeiter nach Heilbronn. Das führte dazu, dass nach und nach eine ganze Reihe fremdsprachiger Versammlungen gegründet wurde. Als dann der Saal für die deutsche Stammversammlung zu klein wurde, begann man, sie zu teilen. Die folgende Übersicht zeigt die Gründungsjahre der einzelnen Versammlungen.

1964 Heilbronn-Böckingen

1970 Heilbronn-Ost

1979 Heilbronn-Italienisch

1981 Heilbronn-Jugoslawisch

1981 Heilbronn-Nord

1985 Heilbronn-Süd

1992 Heilbronn-Englisch

1997 Heilbronn-Französisch

2009 Heilbronn Russisch

In Deutschland stieg die Zahl der Zeugen Jehovas bis 2015 auf etwa 166.000, weltweit auf über 8.201.000 Mitglieder.

Im Jahr 1953 wurde in Heilbronn (August-Schreiber-Weg/Besigheimer Straße) der erste Gemeindesaal erbaut. Die Steine hierfür erhielt man aus

---

[57] *Jahrbuch der Zeugen Jehovas ... 1974. S. 215.*

alten, abgebrochenen Salinetürmen der Firma Kali-Chemie auf der Schanz in Heilbronn-Böckingen.

Unmittelbar neben dem ersten Saal wurde 1973 ein zweiter erstellt (Besigheimer Straße 41). Ein kleiner Saal mit ca. 35 Sitzplätzen wurde in den 70er Jahren in der Kernerstraße 47/1 bezogen.[58] Im Jahr 1997 erwarben die Zeugen ein weiteres Grundstück im Gewerbegebiet Böckingen-West (Reinerstraße 17). Dort wurde 2002 ein weiteres Gemeindezentrum mit zwei Sälen gebaut.

Mit der Aufarbeitung ihrer Geschichte und ihres Widerstands in der Nazi-Zeit – dem bewegtesten Teil ihrer Geschichte in Deutschland – wurde erst in den 1990er Jahren begonnen. Die Häftlinge mit dem Lila Winkel galten lange Zeit als vergessene Opfer. Heute erkennt man mehr und mehr die Bedeutung dieses Kapitels der Nazi-Zeit. Der Nürnberger Journalist Walter Gallasch schrieb: „Sie sind als Opfer der Jahre der Gewalt in

---

[58] Diesen Saal vermachte das Ehepaar Löchner, von ihnen war ja bereits die Rede, im Jahre 1981 der Heilbronner Gemeinde. Später wurde er wieder verkauft.

Deutschland nicht vergessen, doch sie stehen im Hintergrund. Dabei ist ihre Standhaftigkeit beeindruckend, ihr Ethos bewundernswert".[59] Jürgen Dittberner, Leiter der Stiftung Brandenburgische Gedenkstätten, meinte anlässlich der Welturaufführung einer Videodokumentation mit dem Titel *Standhaft trotz Verfolgung. Jehovas Zeugen unter dem NS-Regime*: „Solche Widerständler gab es viel zu wenige im Nazideutschland".

Stolpersteine in Heilbronn

Im Mai 2009 verlegte der Künstler Günter Demnig im Rahmen eines bundesweiten Projekts erstmals drei Stolpersteine in Heilbronn. Initiiert wurde diese Verlegung, die drei von den Nazis ermordeten jüdischen Mitbürgerinnen und Mitbürgern galt, von Schülern der Dammrealschule. Neben dem Bankdirektor Otto Igersheimer und dem Rechtsanwalt Siegfried Gumbel fiel die Wahl auf Sofie Reis. Weitere Stolpersteine folgten. 2011 wurde ein Stolperstein für Hermann Baden verlegt, 2013 einer für Emil Bauer.

---

[59] Gallasch, Walter: *Mutig, beharrlich*. In: *Schwabacher Tagblatt* vom 22./23. März 1997.

HIER WOHNTE
HERMANN BADEN
JG. 1890
MEHRFACH VERHAFTET
ZULETZT 1940
BUCHENWALD
DACHAU
TOT 1945

HIER WOHNTE
EMIL BAUER
JG. 1901
ZEUGE JEHOVAS
WEHRDIENST VERWEIGERT
FLUGBLATTAKTION 1937
VERHAFTET
VERURTEILT 1938
1939 SACHSENHAUSEN
TOT 23.5.1940

Anhang I

Verpflichtungserklärung, die inhaftierten Zeugen Jehovas alle sechs Monate vorgelegt wurde. Damit konnten sie ihre Entlassung aus dem KZ erwirken.

Die Zeugen Jehovas!

Von diesen Narren, die sich früher „Ernste Bibelforscher" genannt haben, verstänkert immer noch ein Grüppchen die geistige Luft Heilbronns, obgleich dieses Judenunternehmen des hirnweichen Herrn Rutherford aus Amerika im ganzen Deutschen Reiche verboten ist. Die hiesigen „Zeugen Jehovas" (wer lacht da?) rekrutieren sich zum größten Teil aus kleinen Handwerkern und Handelsleuten. Sie kommen nach wie vor zweimal wöchentlich in einer Wirtschaft auf der Adolf Hitler-Allee zusammen und verzapfen dort ihren alttestamentarischen Quatsch. Ihr Prediger — Treppenwitz der Weltgeschichte — ist ausgerechnet ein Fensterputzer, der seinen Zuhörern aber ihre Brillengläser nicht etwa blank poliert, sondern mit der Judensalbe seines amerikanischen Meisters so undurchsichtig wie möglich macht. Auch ein Milchhändler, der sich in wenigen Jahren von einer armseligen Handkarre über zwei Pferdegespanne bis zum Auto emporzuarbeiten verstanden hat, spielt eine Rolle im Kreise dieser Armen im Geiste.

Angesichts der Tatsache, daß die lächerlichen „Zeugen Jehovas" ihren Anhängern: zur Pflicht gemacht
haben, bei den Wahlen am vorigen Sonntag nicht mitzutun, weil
sie mit Politik, also mit dem Schicksal
des Vaterlandes nichts zu tun
hätten, muß der vernünftige Teil der Bevölkerung diesen Saboteuren gegenüber zur
Selbsthilfe greifen.

Wir rufen insbesondere die deutschen
Frauen dazu auf, jede Geschäftsverbindung
mit Anhängern dieser Judensekte unbedingt
und schleunigst zu lösen. Es liegt für deutsche Menschen, die sich soeben in hellster Begeisterung für den Deutschesten aller Deutschen, für Adolf Hitler erklärt haben, keine
Veranlassung vor, diese bewußt Abseitsstehen-
den in Nahrung zu setzen. Man entziehe
ihnen jede Unterstützung und lasse sie mit
ihrem Judenkram allein. Vielleicht weichen
die schleimigen Nebel aus ihren Hirnschalen,
sobald ihre Mägen knurren und sie einsehen
lernen, daß sie ihre bisherigen Profitchen
nicht so sehr dem Wüstengotte Israels, wie
der Langmut und Nachsicht ihrer deutschen
Volksgenossen zu verdanken gehabt haben.

Heilbronner Tagblatt vom 15. November 1933

Bibelforscher vor dem Sondergericht

Sie verteilten hetzerische Drucksachen und Broschüren

Vor dem Sondergericht für den Oberlandesgerichtsbezirk Stuttgart, das am Montag und Dienstag in Heilbronn tagte, hatten sich am ersten Tag folgende Personen zu verantworten:

Der verheiratete 38 Jahre alte Emil Bauer von Heilbronn-Böckingen (vorbestraft, weil er zu einer militärärztlichen Untersuchung nicht erschienen war), der verheiratete 40 Jahre alte Friedrich Vogel von Neckargartach (vorbestraft wegen eines ähnlichen Vergehens),

der 55 Jahre alte, verheiratete Paul Eisele von Heilbronn (ebenfalls vorbestraft wegen eines ähnlichen Vergehens),

der 47 Jahre alte und verheiratete Heinrich Baden (noch keine Vorstrafe) und

der 38 Jahre alte, ebenfalls verheiratete Robert Alber von Gemmrigheim.

Der des weiteren angeklagte August Oppenländer entzog sich seinem irdischen Richter, indem er durch Erhängen seinem Leben ein Ende setzte.

Bauer, der mit einem gewissen Georg Ebert aus Talheim (er wird am 26. März ebenfalls vor dem Sondergericht zur Verhandlung stehen) Verbindungen hatte, wurde zur Last gelegt, rund 300 Mark Gelder für eigene Glaubensgenossen (Bibelforscher), die in Not geraten, gesammelt zu haben. Teilbeträge davon lieferte er an Ebert ab, darüber hinaus gingen aber auch Geldmittel nach Magdeburg zur Finanzierung von Hetzschriften. Außerdem wurde er beschuldigt, eine größere Anzahl Drucksachen und Broschüren (100 Stück) an die anderen Angeklagten dieses Prozesses zur Verteilung gegeben zu haben. Sie enthielten Resolutionen und ähnliches vom internationalen Bibelforscherkongreß in Luzern aus dem Jahre 1936 und u. a. auch Angriffe gegen das Deutsche Reich und seinen Führer. Diese Hetzschriften ließ Bauer durch die Mitangeklagten am 20. Februar 1937, abends zwischen 5 und 7 Uhr in Heilbronn, Klingenberg und Gemmrigheim verteilen.

Vogel, der dem Kongreß in Luzern beiwohnte, nachdem er kurz zuvor aus dem Gefängnis entlassen war, hatte etwa 40 Stück verteilt. (Außerdem verfaßte und schrieb er mit der Schreibmaschine des öfteren Briefe, weil seine Nichte bei der Flaggenhissung in der Schule den deutschen Gruß verweigerte und deshalb zur Rede gestellt wurde). Um nun ein Alibi nachweisen zu können, schickte Vogel einen gewissen Frank (ein Zuchthäusler mit 21 Vorstrafen) nach Hausen, Bezirk Gaildorf mit dem Auftrag, dort zu übernachten. Im Uebernachtungszettel trug dabei Frank den Namen Vogel ein und unterschrieb auch so.

Die übrigen Angeklagten Eisele, Baden und Alber waren angeklagt, weil sie die verbotenen Resolutionen verteilt und Gelder gesammelt hatten.

Sämtliche sind „Bibelforscher" waren bei der Verhandlung geständig und verteidigten sich mit Bibelsprüchen. Das Urteil lautete wegen Vergehens gegen das „Verbot der Internationalen Bibelforschervereinigung zum Schutze des deutschen Volkes und Staates"

für den Hauptangeklagten Bauer 1 Jahr 9 Monate Gefängnis,

für Vogel 1 Jahr 10 Monate Gefängnis wobei die Anstiftung zur Urkundenfälschung mit berücksichtigt wurde,

für Eisele 1 Jahr 9 Monate Gefängnis,

für Alber 6 Monate Gefängnis und

für Baden Freispruch. Ihm konnte eine strafbare Handlung nicht nachgewiesen werden.

Bei allen vier Verurteilten wurden jeweils vier Monate der erlittenen Untersuchungshaft in Anrechnung gebracht. Außerdem wurde die Schreibmaschine des Vogel eingezogen. Der Vorsitzende des Sondergerichtes warnte sämtliche Angeklagten vor neuen Vergehen und stellte ihnen für den Rückfall wesentlich höhere Strafen und schließlich Sicherungsverwahrung in Aussicht.

Heilbronner Tagblatt vom 9. März 1938

Fünf Friedensstörer vor Gericht

Leitende „Bibelforscher" zu Gefängnis verurteilt

Stuttgart. Im September vorigen Jahres konnte der „Bezirksdiener", d. h. der oberste Leiter der verbotenen Internationalen Bibelforschervereinigung in Württemberg mit einigen seiner Anhänger in dem Augenblick festgenommen werden, als er sich in der Wohnung seiner Sekretärin im Sinn der Aufrechterhaltung der Organisation betätigte. Es handelt sich um den 43jährigen ledigen Ludwig Stifel aus Walddorf (Kreis Nagold), wohnhaft in Pforzheim, der sich bei seiner Hetzarbeit des Decknamens „Müller" bediente und im ganzen Land herumreiste, um Beiträge bei seinen Anhängern einzusammeln. Die Hälfte dieser Beiträge steckte er als Entgelt für seine Bemühungen in die eigene Tasche und verschaffte sich so eine monatl. Einnahme von 400 RM., ohne nennenswerte Spesen zu haben, da er meist von seinen Glaubensgenossen verpflegt und beherbergt wurde. Zugleich versorgte Stifel seine Anhänger reichlich mit hetzerischem Schriftmaterial, das er zu einem großen Teil in der Wohnung seiner Sekretärin auf zwei Schreibmaschinen und einem großen Vervielfältigungsapparat herstellen ließ. Sein Stellvertreter, der 47jährige ledige Georg Ebert aus Talheim bei Heilbronn, trat ganz in die Fußstapfen seines Meisters. Der 23jährige Alfred Stüber aus Reutlingen war mit eigenem Vervielfältigungsapparat an der Herstellung der Hetzerzeugnisse beteiligt, und der 47jährige Christian B. aus Beihingen war ihm dabei behilflich.

Das Sondergericht verurteilte Stüfel zu 3½ Jahren Gefängnis. Ebert erhielt zwei Jahre, die Sekretärin Rosa Becher aus Stuttgart 2½ Jahre, Stüber sechs Monate und B. 200 RM. Geldstrafe oder zwei Monate Gefängnis. In der Urteilsbegründung führte der Vorsitzende aus, das deutsche Volk dulde in seinen Reihen keine Leute, die eine angebliche religiöse Ueberzeugung gegen Staat und Volk auszuspielen versuchen. Die IBV. sei von deutschfeindlicher Seite aufgezogen und säe nichts als Unfrieden.

Heilbronner Tagblatt vom 28. März 1938

59

Anhang II

David – eine Geschichte, die Mut macht[60]

Judenkinder tragen keine Stöcke. Deshalb hatten ihm die Eltern beim Bauern einen Stock besorgt. Er war teuer. Sehr teuer. Der Bauer hatte dafür die goldene Uhr des Vaters verlangt. Jene Uhr, die einst dem Großvater und dem Urgroßvater und Ururgroßvater gehört hatte. Der Bauer bestand außerdem auf Mutters silbernem Armband, auch das ein altes Familienerbstück.

Judenkinder tragen keine Bauerntracht. Deshalb hatten die Eltern dem Bauern auch noch die große Standuhr mit den schönen, weit ausschwingenden Pendeln, den teuren Wohnzimmerteppich und das silberne Besteck gegeben. Dafür trug er jetzt eine kurze Hose aus grobem Stoff, die auf der Haut kratzte. Und ein verwaschenes, an den Ärmeln eingelaufenes Hemd mit zerschlissenem Kragen. Und an den Füßen klotzige Schuhe mit dicken Schnürsenkeln. Nur seine alte Jacke durfte er behalten. Sie war schon etwas zu kurz für ihn und am Saum ziemlich abgenutzt. In ihr würde er nicht weiter auffallen. An der rechten Brust, dort wo seine Mutter vor einigen Jahren den sechseckigen gelben Stern annähen musste, verrieten nur noch drei kleine Einstiche, dass hier etwas fehlte. Nachdem die Mutter den Stern abgetrennt hatte, rieb sie mehrmals etwas Staub in die kleinen Löcher, bis sie fast nicht mehr zu sehen waren.

So hatten sie ihn auf die Reise geschickt mit einem Beutel Brot und einer fetten, in alte Zeitungen eingewickelten Wurst. Sie hatten ihn nochmals kurz an sich gepresst und dann davon geschoben. Den Weg hatten sie ihm mehrmals genau erklärt. Aber das wäre nicht nötig gewesen. Denn er kannte ihn genau. Oft war er hier, ein fröhliches und ausgelassenes Kind, flink und mutwillig wie eine junge Katze, zusammen mit den Eltern entlanggewandert. Jedes Jahr im Frühjahr und im Herbst besuchten sie nämlich

---

[60] Diese Geschichte habe ich zuerst veröffentlicht in: *Karlsruher Straßenzeitung* 53/2010.

Vaters alten Schulfreund. Ein Landarzt, der weit entfernt von der Stadt eine kleine Praxis betrieb.

Als er aufbrach, schien die Sonne. So, als wolle sie ihm den Abschied leichter machen. Doch er spürte ihre warmen Strahlen nicht. Wie ein vom Wind zur Erde geschleuderter, abgestorbener Zweig fühlte er gar nichts. Er setzte einfach einen Fuß vor den anderen, und obwohl er jede Wegbiegung kannte, jede Windung des kleinen Bachs, kam heute keine Wiedersehensfreude in ihm auf. Er wusste, er musste jetzt stark sein. Stark wie David und seine Helden, wie Joab und Abner, die Söhne der Zeruja. Von ihnen hatte er in der Thoraschule viel gehört. Wie sie, oft allein und auf sich gestellt, ganze Heere auseinander trieben. Wie sie mächtige Gegner besiegten, ohne Angst und Furcht. Das waren seine Vorbilder. Doch jetzt fühlte er sich schwach. Schwach, einsam und elend. Traurig und verlassen. Wie ein Ausgestoßener.

Er wusste, wenn er das Dorf, in dem der Arzt wohnte, erreicht hatte, war er gerettet. Dort befand er sich in Sicherheit. Er war schon drei, vier Stunden gegangen und irgendwo läutete jetzt eine ferne Glocke zu Mittag. Sie rief all die Menschen, die zueinander gehörten zu einem gemeinsamen Mahl. Er weinte. Still und verhalten. Dann kniff er die Augen zusammen und ging rasch weiter. Plötzlich blieb er stehen. Vor ihm weidete eine Herde Gänse. Mitten auf dem Weg. Er wollte ja stark sein, ein Held sein wie David. Doch mit Gänsen, das wusste er, war nicht zu spaßen. Wer ihnen zu nahe kam, musste sich vor ihren harten Schnäbeln wohl hüten. Er schaute sich um. Doch auf beiden Seiten des Wegs erhob sich hohes Korn wie eine Mauer. Da durfte er nicht durch.

Was jetzt?

Wenn er diese Gänse hinter sich hatte, konnte ihm nichts mehr passieren.

Die Zeit wurde ihm lang. Und jetzt, wie um seine hilflose Einsamkeit zu verhöhnen, läutete in einem anderen Dorf eine ferne Mittagsglocke.

Dann plötzlich Motorenlärm. Ganz weit entfernt, dann immer näher. Er stellte sich an den Wegrand in respektvolle Entfernung zu den schnatternden Viechern. Der Wagen kam immer näher. Ein Geländewagen mit gro-

.

ßen Hakenkreuzen an den Seiten. Hinten saß ein strenger Herr mit vielen Abzeichen an den Revers. Als dieser die Gänse erblickte, rief er dem Fahrer etwas zu und der gab Vollgas. Die Herde stobte schnatternd auseinander. Die verängstigten Tiere sprangen hoch und flogen über die Felder, über den Bach, es ging um ihr Leben.

Der Fahrer lachte. Als der Wagen vorüberfuhr, lächelte der Mann auf dem Rücksitz dem blonden Jungen zu. Fast wie ein Vater. Für einen kurzen Moment sah der Junge die freundlichen Augen. Er lächelte zurück. Jetzt spürte er die warme Mittagssonne. Mit festen Schritten ging er weiter.

Judenkinder haben keine Angst.

Anhang III

Jedwabne – eine schreckliche Geschichte[61]

Verflucht kalt hier! Hätt gar nicht mehr herkommen sollen. Ist vielleicht auch das letzte Mal. Jedenfalls bläst dieser verdammte Ostwind wieder ganz schön.

Ostwind – der bläst mir heute schon zum zweiten Mal scharf ins Gesicht.

Dass ich darauf reingefallen bin all die Jahre, ich kann's kaum glauben. Du hast mir ja schöne Geschichten erzählt über die alte Heimat. Deshalb wollte ich das auch nicht auf unserer Familie sitzen lassen, was dieser Journalist geschrieben hat. Immerhin besitze ich die goldene Ehrenplakette der Stadt für mein Engagement zur Integration von Fremden und Aussiedlern. Aber den Prozess heut, den hab ich glatt verloren. Ist jetzt gerade mal zwei Stunden her. Die Richterin konnte gar nicht fassen, dass ich all die Jahre über so ahnungslos war. Die hatte beinahe Mitleid mit mir.

Diese verfluchte Kälte.

Den Ort in Ostpolen hast du in den letzten Jahren nicht mehr genannt. Ich dachte, du hättest ihn einfach vergessen, aber jetzt weiß ich es besser.

So viele Jahre hast du von dem Städtchen gesprochen. Wolltest sogar noch einmal hinfahren. Auf jeden Fall, hast du immer gesagt, gab es dort noch Zusammenhalt. Man brauchte keine Türe abzuschließen. Und wenn einer krank wurde, halfen alle zusammen. Auch auf mich hätten sie Rücksicht genommen. Weil ich wegen meinem linken Bein nicht so gut laufen konnte. War von Geburt an steif. Wenn die Kinder spielten, saß ich meist daneben. Oft brachte mir dann jemand einen Apfel oder eine Birne.

---

[61] Diese Erzählung habe ich zuerst veröffentlicht in: *Von vorne gesehen. Heimatgeschichten*. Buchjournal bibliothek. Frankfurt / Main 2006. Diese Geschichte basiert auf einer wahren Begebenheit, die Jan T. Gross in seinem Buch *Nachbarn. Der Mord an den Juden von Jedwabne*. München 2010, schildert.

Auch als Behinderte gehörte man irgendwie dazu, obwohl die Leute ja selbst nicht viel hatten. Arm und reich gab es damals natürlich auch. Ihr hättet es damals nie gewagt, euch in der Kirche in eine der ersten Reihen zu setzen. Die waren für die Wohlhabenden und die Großbauern reserviert. Die Häusler mussten weiter hinten sitzen. Dahinter kamen die Tagelöhner.

Dass jemand nicht zur Heiligen Messe erschien, war undenkbar – außer während der Ernte oder wenn eine Kuh kalbte. Nur von den zwei, drei Kommunisten erwartete man das nicht. Aber die gehörten ohnehin nicht dazu.

So wenig wie die Juden.

Später musstet ihr dann in die Stadt ziehen. Nicht nur, weil das Land, nachdem dein Bruder auf die Welt gekommen war, die Familie nicht mehr ernährte, sondern auch, weil der Viehjud euere letzte Kuh aus dem Stall geführt hatte. Danach trank der Vater noch mehr als früher.

Dein Bruder war schmächtig und ewig krank. Vater holte nur einmal den Doktor, als der Junge mit dem Husten gar nicht mehr aufhörte und Blut spuckte. Da kam Dr. Korngold, den polnischen Arzt konntet ihr euch nicht leisten. Korngold brachte sein Töchterchen mit, die stolze Rahel, die immer so schöne Kleidchen trug. Du wolltest mit ihr spielen, aber sie blickte dich nicht einmal an. Zwei Tage später starb der Bruder. Doch du warst wegen etwas anderem in Trauer: Die kleine Rahel hatte deiner Puppe den Kopf abgerissen. Dafür, hast du einmal zu mir gesagt, hab ich sie später eingesperrt.

Das mit dem Umzug in die Stadt hat ja auch nicht gestimmt. Aber ich bin die ganzen Jahre über nicht drauf gekommen. Denn ihr seid erst 1948 weg, als es in dem Ort längst keine Juden mehr gab. Ich glaub, ich weiß, warum ihr weg seid. Die neuen Machthaber, die Kommunisten, begannen Fragen zu stellen.

Euere neue Heimat lag weiter im Westen. Dein Vater hatte dort einen Bruder, der ihm Arbeit besorgte. Dort interessierte sich keiner für euch. Dort war alles anders. All der Lärm und die vielen fremden Menschen. Und in dem Mietshaus roch es ständig nach Kohl und Nässe. Dazu die Hausmeisterin, ein keifendes Weib mit bösem Blick, die euch Kinder immer vertrieb, wenn ihr auf dem Hof Fangen oder Seilhüpfen spieltet.

Auch in der Kirche fandet ihr euch am Anfang nicht zurecht, ihr setztet euch wie gewohnt in die fünfte Reihe. Aber da wurdet ihr schnell von ein paar Damen in Mänteln mit Pelzbesatz vertrieben. In der fremden Stadt hast du oft geweint und dich an den Bibelvers von deiner Kommunion erinnert: Siehe, wie schön, wie lieblich es ist, wenn Brüder friedlich beisammen wohnen!

Nur wenn der Pfarrer gegen die Juden, die Gottesmörder, wetterte, fühltest du dich verstanden. In Ostpolen hatte der Pfarrer, bevor 1939 die Russen kamen, gefordert, das heilige Vaterland müsse den Juden aus der Hand gerissen werden. Später dann, als die Deutschen da waren, sagte er: Die wissen, wie man's macht.

Darüber haben wir oft Krach bekommen. Vor allem, nachdem ich nicht mehr zur Kirche ging.

Verflucht kalt hier.

Später, als wir bereits in Deutschland lebten, in dem großen Miethaus, wo wir nur die Pollacken waren, hast du mir oft von dem Städtchen erzählt. Trotz deiner Rente hast du hier noch als Klofrau gearbeitet. Das Trinkgeld musstest du abliefern. Hast es aber oft behalten. Jeden Pfennig, den du so auf die Seite brachtest, hast du eisern gespart. Für die letzte große Reise in die Heimat. Ich hab dich immer unterstützt, aber als Altenhilfspflegerin kann ich nun mal keine großen Sprünge machen. Mein polnisches Examen wurde hier nämlich nicht anerkannt.

Und dann fing das mit meinem Herzen an. Ich musste mit einundfünfzig in Rente. Aber ich beklag mich nicht. Nie mehr die Alten mit ihrer ewigen Klingelei. Führen Sie mich aufs Klo, bringen Sie mir den Nachttopf, warum dauert das denn so lange? Als ich dort anfing, dachte ich, in einem katholischen Heim sei es besser. War aber ein Irrtum. Seit dieser Zeit geh ich nicht mehr in die Kirche. Dir war's ja nicht recht, dass ich dann bei Amnesty angefangen hab. Hab Briefe geschrieben und Petitionen. Später kam dann das mit den Aussiedlern und Asylanten dazu.

Du hättest dein Leben einfach in aller Ruhe zu Ende leben können. Bis auf die Krankheit natürlich. Das Gute daran war, dass du im fortgeschrittenen Stadium ohnehin in deiner eigenen Welt lebtest.

Warum bist du nicht gefahren? Das Geld hattest du zusammen. Ich hab's nie verstanden. Und was war das für ein Journalist, der immer wieder bei uns zu Hause angerufen hat? Du hast wegen ihm sogar zwei Mal die Telefonnummer ändern lassen.

Plötzlich wolltest du nicht mehr fahren. Hast auch nicht mehr über damals geredet. Die Zeitungsartikel hab ich erst nach deinem Tod gefunden. Über Jedwabne, deinen Heimatort, und das mit den Juden. Das Buch selbst hab ich mir nie gekauft. Brauchte ich auch nicht, der Journalist hat heute seitenweise daraus zitiert. Ganz schrecklich, was da drin steht. Dabei klingt der Titel des Buches ganz harmlos: *Nachbarn*.

Heut hab ich auch erfahren, dass du bei der ganzen Geschichte eigentlich nichts getan hast, damals. Hast nur den Riegel der Scheune geschlossen hinter der Rahel. Den Rest haben andere gemacht.

Heute weiß ich: Dieses Buch und die Zeitungsartikel haben deine alten Tage ruiniert. Du wolltest nur noch ein letztes Mal in die alte Heimat fahren. Hast dich dann aber nicht mehr getraut. Wegen all der Journalisten. Wer weiß, was draus geworden wär.

Durch das Buch hab ich endlich begriffen, warum du in den letzten Jahren manchmal diese Namen gemurmelt hast: Lewin und Zdrojewicz. Und warum du gesagt hast: Denen haben es Laudański, Wiśniewski und Kalinowski aber gezeigt. So ganz kann ich es immer noch nicht fassen. Du, die stille Frau, die ihr Leben lang hart gearbeitet hat und jeden Sonntag zur Messe ging.

Und das mit dem Kopf versteh ich jetzt auch. Drei Tore hat der Czeslaw damit geschossen, hast du manchmal geflüstert. Es war der Kopf der schönen Gitele, der Tochter vom Cheder-Lehrer.

Du hast an diesem 10. Juli 1941 vermutlich auch mitbekommen, wie der Szelawa einem Mann die Zunge abschnitt. Deshalb wolltest du später nie mehr Rinderzunge essen. Hattest einen richtigen Ekel davor. Das mit der Zunge war, bevor die Scheune brannte. In dem Buch heißt es, die Polen hätten begriffen, dass man die Juden sonst nicht alle an einem Tag hätte ermorden können. Also trieben sie sie zur Scheune und zündeten diese an. Mit fünfzehnhundert Menschen drin.

War für euch vermutlich wieder so ein Gefühl der Gemeinschaft und Zusammengehörigkeit.

Wie bei der Messe.

Nur drei Juden entkamen. Später hast du manchmal geflüstert: Holt euch den Neumark. Er konnte entkommen, nachdem die heiße Luft das Scheunentor aufgesprengt hatte. Zusammen mit seiner Schwester und ihrem fünfjährigem Töchterchen. Der Journalist hat gesagt, dass sich der Mann deutlich an seinen brennenden Vater erinnern konnte.

Aber jetzt reicht's. Ich bin schon ganz durchgefroren. Jetzt zünd ich die Kerze an, dann geh ich nach Hause. Auch wenn erst übermorgen Totensonntag ist. Aber, wie gesagt, ich weiß nicht, ob ich noch einmal hierher komme.

Ehrlich gesagt, ich versteh dich nicht. Die Juden sind doch auch Menschen wie wir.

Eigentlich glaub ich ja nicht daran, aber sollte es so etwas wie einen Himmel geben, bin ich gespannt, wie es da droben aussieht. Vermutlich so wie bei uns im Miethaus: Türken, Albaner und Deutsche, alle bunt durcheinander. Nur mit mehr Spielplätzen für die Kinder.

Für dich, Mutter, wäre das die Hölle.

Nachweise

Literatur

Gallasch, Walter: *Mutig, beharrlich.* In: *Schwabacher Tagblatt* vom 22./23. März 1997.

Garbe, Detlef: *Zwischen Widerstand und Martyrium. Die Zeugen Jehovas im „Dritten Reich".* Studien zur Zeitgeschichte Band 42. München 1993.

Garbe, Detlef: *Der lila Winkel. Die „Bibelforscher" (Zeugen Jehovas) in den Konzentrationslagern.* In: *Dachauer Hefte. Studien und Dokumente zur Geschichte der nationalsozialistischen Konzentrationslager.* 10. Jahrgang, Heft 10. Dachau November 1994.

Garbe, Detlef / Knöller, Bruno: *Die Bibel, das Gewissen und der Widerstand. Die Familie Knöller im „Dritten Reich".* In: Roser, Hubert (Hrg.): *Widerstand als Bekenntnis. Die Zeugen Jehovas und das NS-Regime in Baden und Württemberg.* Konstanz 1999. S. 221-272.

Gemeinde Nordheim (Hrsg.): *Nordheimer Mitteilungen,* September 1989.

Grün, Max von der: *Zwei Briefe an Pospischiel. Roman.* Darmstadt 1976.

Hollweg, Max: *Es ist unmöglich von dem zu schweigen, was ich erlebt habe. Zivilcourage im Dritten Reich.* Bielefeld 1997.

Jacobi, Uwe: *5000 Mark für Rathaus-Akten aus NS-Zeit.* In: *Heilbronner Stimme* vom 26. Januar 1977.

John, Kirsten: *„Mein Vater wird gesucht ..." Häftlinge des Konzentrationslagers in Wewelsburg. Historische Schriften des Kreismuseums Wewelsburg.* Band 2. Essen 1996.

Klemperer, Victor: *LTI. Notizbuch eines Philologen.* Leipzig [15]1996.

Kuschel, Karl-Joseph: *Sinnfindung und Sinnstiftung. Wozu heute noch Religion?* PDF-Manuskript der SWR2-Sendung Aula vom 25.12.2014. (Der Abdruck erfolgt mit freundlicher Genehmigung von Karl-Joseph Kuschel.)

Markert, Heinrich: *In ‚Freiheit' die Lauterkeit bewahrt.* Lebenserinnerungen von Heinrich Markert. Maschinengeschriebenes Manuskript. Stuttgart o. J.

Markert, Heinrich: Brief an den Verfasser vom 27. Januar 1998.

Maurhoff, Steffan: *An einem Tag wurde das Dorf überrannt.* In: *Heilbronner Stimme* vom 7. April 1995.

Müller, Charlotte: *Gott ist mir Zuflucht und Stärke.* Zitiert nach: *Der Wachtturm.* Hrg. von der Wachtturm Bibel- und Traktat-Gesellschaft, Deutscher Zweig, e.V., Selters, Ausgabe vom 1. Mai 1997. S. 24-29.

Niemöller, Martin: *Ach Gott vom Himmel sieh darein. – Sechs Predigten.* München 1946.

Otzelberger, Manfred: *Vergessene Helden.* In: *Nord-bayerischer Kurier Nr. 50* vom 1./2. März 1997.

S [chenk, Mina]: *Auf uns hat man mit den Fingern gedeutet.* In: *Heimatfront. Wir überlebten. Frauen berichten.* Stuttgart 1985. S. 131-134.

Schrenk, Christhard (Hrg.): *Böckingen am See. Ein Heilbronner Stadtteil – gestern und heute.* Stadtarchiv Heilbronn, Heilbronn 1998.

VVN, Bund der Antifaschisten, Kreisvereinigung Ludwigsburg (Hrg.): *Die Verfolgung der Ernsten Bibelforscher. Chronik eines Verbrechens.* In: *Streiflichter aus Verfolgung und Widerstand 1933-45.* Ludwigsburg 1993, Heft 5, S. 40-52.

Watch Tower Bible and Tract Society of Pennsylvania and International Bible Students Association (Hrg.): *The Golden Age.* Ausgabe vom 4. Januar 1933.

Wachtturm Bibel- und Traktat-Gesellschaft, Deutscher Zweig, e.V. (Hrg.): *Jahrbuch der Zeugen Jehovas 1974.* Wiesbaden 1974.

Wachtturm Bibel- und Traktat-Gesellschaft, Deutscher Zweig, e.V. (Hrg.): *Der Wachtturm.* Ausgabe vom 1. Oktober 1955.

Wachtturm Bibel- und Traktat-Gesellschaft, Deutscher Zweig, e.V. (Hrg.): *Erwachet!.* Ausgabe vom 22. August 1995.

Watch Tower Bible and Tract Society of Pennsylvania and International Bible Students Association (Hrg.): *Neue-Welt-Übersetzung der Heiligen Schrift mit Studienverweisen.* Revidierte Fassung. Brooklyn 1986.

Zürcher, Franz: *Kreuzzug gegen das Christentum. Moderne Christenverfolgung. Eine Dokumentensammlung.* Zürich, New York 1938.

Sonstige Quellen

Archiv der KZ-Gedenkstätte Dachau (Brief vom 5. Februar 1998 an den Verfasser).

Arnold-Liebster-Stiftung, Hanauer Straße 24, 61184 Karben; http://www.alst.org/pages-de/index-de.html.

Heilbronner Tagblatt vom 15. November 1933. Diese regionale Tageszeitung war ein Sprachrohr der NSDAP und erschien in Heilbronn von 1932 – 1945. Der Verlagsleiter war bis 1938 der Gauleiter Richard Drauz.

Heilbronner Tagblatt vom 9. März 1938.

Heilbronner Tagblatt vom 28. März 1938.

Staatsarchiv Ludwigsburg, Angaben zur Verurteilung von Richard Dutt. Zit. nach einem Brief des Geschichtsarchivs der – Wachtturm Bibel- und Traktat-Gesellschaft, Deutscher Zweig, e.V., Selters, vom 13. Januar 1998.

Theophil Veritas

Katholik Hitler
Über eine der Wurzeln von
Adolf Hitlers Wahnsystem

Paperback
13,90 EUR
inkl. MwSt.
Seitenanzahl: 168
ISBN: 978-3-8424-2325-1
Größe: 14,8 cm x 21,0 cm
Erscheinungsdatum: 23.03.2012

Leseprobe

Katholik Hitler - ein erster Versuch

Ich behaupte in diesem Buch nicht viel. Eigentlich nur eines: Adolf Hitler, sein Weltbild, sein Wahn, ja sein gesamtes Blut-, Mord- und Zerstörungswerk sind nicht denkbar ohne eines seiner großen Vorbilder – die katholische Kirche! Anders formuliert: Ohne den Katholizismus hätte es das Dritte Reich in jener Form, wie wir es kennen, nicht gegeben.

Über den Einfluss des Darwinismus, des Faschismus, des Bolschewismus, des Antisemitismus und vieler anderer *-ismen* auf Hitler gibt es viele Bücher. Auch über den Einfluss von Clausewitz, Schopenhauer, Nietzsche, Haeckel, von Marx und Engels, von Treitschke, Chamberlain, Le Bon, McDougall existieren die unterschiedlichsten Studien. Und das gilt auch für den Einfluss des Antisemiten Leopold Poetsch, Hitlers Lehrers in der Linzer Staatsrealschule, für Hitlers Erlebnisse während der Revolution in München, für sein ‚Erweckungserlebnis' im Lazarett von Pasewalk und und und …

Es war Hitler selbst gewesen, der mehrmals auf die katholische Kirche als eines der großen Vorbilder hingewiesen hat:

> Auch hier hat man von der katholischen Kirche zu lernen. Obwohl ihr Lehrgebäude in manchen Punkten, und zum Teil ganz überflüssigerweise, mit der exakten Wissenschaft und der Forschung in Kollision gerät, ist sie dennoch nicht bereit, auch nur eine kleine Silbe von ihren Lehrsätzen zu opfern. Sie hat sehr richtig erkannt, daß ihre Widerstandskraft nicht in einer mehr oder minder großen Anpassung an die jeweiligen wissenschaftlichen Ergebnisse liegt, die in Wirklichkeit doch ewig schwanken, sondern vielmehr im starken Festhalten an einmal niedergelegten Dogmen, die dem Ganzen erst den Glaubenscharakter verleihen. So steht sie heute fester da als je. Man kann prophezeien,

daß in eben dem Maße, in dem die Erscheinungen fliehen, sie selbst als ruhender Pol in der Erscheinungen Flucht immer mehr blinde Anhänglichkeit erringen wird.

Hitlers Bewunderung, die aus diesen Zeilen spricht, ist nicht zu übersehen. Und nicht der Vorbildcharakter der beschriebenen Grundhaltung. Dieser Grundhaltung blieb Hitler Zeit seines Lebens treu …

Zeitfracht Medien GmbH
Ferdinand-Jühlke-Straße 7
99095 Erfurt, Deutschland
produktsicherheit@kolibri360.de